Persische Mythen

Mythen alter Kulturen

Ägyptische Mythen
Aztekische und Maya-Mythen
Griechische Mythen
Keltische Mythen
Mesopotamische Mythen
Nordische Mythen
Persische Mythen
Römische Mythen

Mythen alter Kulturen

Vesta Sarkhosh Curtis

Persische Mythen

Aus dem Englischen übersetzt
von Michael Müller

Mit 40 Abbildungen
und 1 Karte

Philipp Reclam jun. Stuttgart

Titel der englischen Originalausgabe:
Persian Myths. London: British Museum Publications,
1993. (The Legendary Past.)

Die Deutsche Bibliothek – CIP-Einheitsaufnahme

Curtis, Vesta Sarkhosh:
Persische Mythen / Vesta Sarkhosh Curtis. Aus dem Engl.
übers. von Michael Müller. –
Stuttgart : Reclam, 1994
  (Mythen alter Kulturen)
  Einheitssacht.: Persian myths <dt.>
  ISBN 3-15-010399-1

Die Übersetzung erscheint mit Genehmigung von
British Museum Publications Limited, London
© 1993 The Trustees of the British Museum
Umschlaggestaltung: Werner Rüb, Bietigheim-Bissingen
Kartenzeichnung: Theodor Schwarz, Urbach
Satz: Wilhelm Röck, Weinsberg
Druck und buchbinderische Verarbeitung:
Franz Spiegel Buch GmbH, Ulm
Printed in Germany 1994
RECLAM ist ein eingetragenes Warenzeichen der
Philipp Reclam jun. GmbH & Co., Stuttgart
ISBN 3-15-010399-1

Inhalt

Einleitung

Bei den persischen Mythen handelt es sich um Geschichten und Erzählungen aus uralten Zeiten, in denen bisweilen auch übernatürliche Wesen vorkommen. Sie spiegeln bestimmte Ansichten und Vorstellungen der Gesellschaft wider, in der sie ursprünglich entstanden, Ansichten über Gut und Böse und den Kampf zwischen diesen beiden Prinzipien, Vorstellungen von den Göttern und ihren Handlungen, von menschlichen Helden und deren Taten und von Fabelwesen. Mythen sind von entscheidender Bedeutung für die persische Kultur, und wir können diese Erzählungen besser verstehen, wenn wir sie im Kontext der iranischen Geschichte betrachten.

Zu diesem Zweck müssen wir über die modernen Staatsgrenzen hinwegsehen und die geschichtlichen Entwicklungen im Großraum Iran in den Blick nehmen, einem riesigen Gebiet, das Regionen Zentralasiens einschloß, die über die Grenzen des heutigen iranischen Staatsgebietes weit hinausgehen. Die geographische Beschaffenheit dieses Territoriums, in dem es zahlreiche hohe Gebirgszüge gab, spielt in vielen der mythischen Erzählungen eine wichtige Rolle. Archäologische Funde zeigen, daß es schon vor 6000 v. Chr. eine Zivilisation im Iran gab; uns interessiert hier aber nur die Periode von 2000 v. Chr. an. Das zweite vorchristliche Jahrtausend wird gemeinhin als ›Zeitalter der Migration‹, also einer Völkerwanderung, angesehen; im westlichen Iran fand damals eine neue Art von Töpferwaren Verbreitung, die älteren Produkten aus dem nordöstlichen Iran ähneln, was darauf schließen läßt, daß von dort Zuwanderer in den Westen kamen. Diese Keramik, die von hellgrauer bis schwarzer Farbe ist, kam gegen 1400 v. Chr. in Gebrauch. Ihre wissenschaftliche Bezeichnung lautet ›Frühe Graue Ware‹ oder auch ›Eisen 1‹, womit auf den Beginn der Eisenzeit in dieser Region Bezug genommen wird.

Die Einwanderung iranisch sprechender Völker in das Gebiet des Iran ist Gegenstand umfassender wissenschaftlicher Untersuchungen gewesen, trotzdem läßt sich nicht genau sagen, wie die Wanderungsbewegungen abliefen. Mit Sicherheit kann man feststellen, daß es an einigen Orten an den Südhängen des Alburs-Gebirges und im Westiran zu einem Traditionsbruch kam: dies zeigt eine Untersuchung der zahlreichen Grabbeigaben, die man dort in Steingräbern gefunden hat. Linguistische Zeugnisse legen die Vermutung nahe, daß die Einwanderer zu den Indo-Iranern gehörten; diese lebten lange in einer gemeinsamen kulturellen Tradition als Nomaden in den asiatischen Steppen Rußlands und sprachen eine verwandte Sprache. Im Laufe der Zeit spalteten sie sich aber in zwei Gruppen auf. Jede der beiden Gruppen wanderte nach Süden. Um die Mitte des zweiten vorchristlichen Jahrtausends waren die iranischen Stämme durch das flache, leicht passierbare Gebiet im Südosten des Kaspischen Meeres bis in das iranische Hochland vorgedrungen, während die indischen Stämme auf dem indischen Subkontinent angelangt waren. Ob diese Wanderungen mit Gewalttätigkeiten verbunden waren und ob die Stämme sich in großen Scharen vorwärtsbewegten, läßt sich nicht mit Gewißheit sagen. Archäologische Funde zeigen nur, daß es in jenen Regionen zum Bruch mit den ursprünglichen Traditionen kam, daß sich neue Begräbnisriten durchsetzten und eine neue Art von Keramik Verwendung fand. Wir wissen auch nicht, was mit der Sprache der einheimischen Bevölkerung geschah, die fast überall von den iranischen Sprachen der Neuankömmlinge verdrängt wurde.

Die erste eindeutige Erwähnung eines iranischen Stammes, dem der Meder, findet sich in assyrischen Texten aus dem 9. Jahrhundert v. Chr. Das Volk der Meder wurde im Osten zur Hauptbedrohung für das Reich der Assyrer. Zunächst war es nur ein lockerer Bund von mehreren Stämmen, gegen Ende des 7. Jahrhun-

Bronzener Gürtelbeschlag aus parthischer Zeit (vermutlich 2. bis frühes 3. Jh. n. Chr.): ein bärtiger Mann auf einem Pferd. Solche sorgfältig gearbeiteten Gürtelbeschläge waren in der parthischen Periode verbreitet; der Reiter ist mit der typischen Haartracht und Kleidung der Zeit dargestellt; er trägt ein Stirnband und ist mit einer Tunika und Hosen bekleidet

derts v. Chr. war es aber mächtig genug geworden, um sich mit
den Babyloniern zu verbünden und zusammen mit diesen im Jahr
612 v. Chr. das Assyrische Reich zu Fall zu bringen. Eine andere
iranische Gruppe, die der Perser, hatte sich im südlichen Iran in
der Gegend von Fars niedergelassen. Durch die Vereinigung der
miteinander verwandten Stämme der Meder und der Perser entstand unter Kyros dem Großen das Reich der Achämeniden, das
von 550 v. Chr. bis zu seiner Eroberung durch Alexander den
Großen im Jahr 331 v. Chr. die dominierende politische Macht im
Nahen Osten war.

Die Zeit der Fremdherrschaft, die von Alexander und seinen griechischen Generälen, den Seleukiden, ausgeübt wurde, währte
nicht lange. Die arsakidischen Parther, iranisch sprechende Nomaden aus dem Nordosten, zogen zunächst in die Region im Südosten des Kaspischen Meeres, drangen dann unter ihrem König Ar-
sakes I. in das Gebiet der Seleukiden ein und erlangten dort 238
v. Chr. die Herrschaft. 141 v. Chr. eroberten die Parther unter ihrem großen Herrscher Mithradates I. auch Mesopotamien; für die
folgenden dreieinhalb Jahrhunderte stellten sie im Nahen Osten
die bedeutendste politische Macht dar und waren die Hauptwidersacher der Römer. In der Regierungszeit von Mithradates II., der
auch als der Große bekannt ist, erstreckte sich das Reich der Parther vom Euphrat im Westen bis zum östlichen Iran und nach
Zentralasien.

Die Dynastie der Parther endete im Jahr 225 n. Chr., als ihr letzter
König Artabanus IV./V. von Ardaschir I. geschlagen wurde. Ardaschir war ein regionaler Fürst aus Istachr in der Nähe von Perse-
polis, der von dem parthischen Monarchen eingesetzt worden war
und sich später erfolgreich gegen diesen erhob. Mit seinem Sieg
begründete er die Dynastie der Sassaniden, die sich nach ihrem
legendären Vorfahren Sassan benannten. Daß auch die Sassaniden
schließlich wieder gestürzt wurden, war auf das Aufkommen des
Islam und die Eroberung des Iran durch die Araber im Jahr 642 zurückzuführen; im Laufe der Zeit hatten zahlreiche Kriege die sassanidische Armee erschöpft, der Staatsschatz war dahingeschwun-
den, und die Bevölkerung konnte die hohen Abgaben, die von ihr

verlangt wurden, nicht mehr aufbringen. Der Zoroastrismus, die offizielle Staatsreligion des Iran unter den Sassaniden, wurde vom Islam abgelöst.

Vieles von dem, was wir heute über die Iraner des Altertums wissen, stammt aus den religiösen Schriften der Zoroastrier, deren Prophet Zoroaster (die griechische Form des persischen Namens Zarathustra) möglicherweise in Choresmia in Zentralasien, vielleicht aber auch noch weiter im Nordosten gelebt hat. Seine biographischen Daten sind sehr umstritten. Die Sprache, in der die *Gatha* verfaßt sind, die Hymnen des Propheten, die in einem Teil des *Avesta*, des Heiligen Buches der Zoroastrier, enthalten sind, scheint mit der des *Rigveda*, der alten indischen Hymnen, eng verwandt zu sein; diese sind um 1700 v. Chr. entstanden, das heißt, noch bevor die Wanderung nomadischer Stämme in den Iran und nach Indien einsetzte. Die Urfassung des *Avesta*, die in Avestisch, einer ost-iranischen Sprache, abgefaßt ist, stammt aus der Zeit zwischen 1400 und 1200 v. Chr. Zoroaster selbst lebte aber vermutlich um 1000 v. Chr.; einige Wissenschaftler sind der Meinung, daß er gegen Ende des siebten oder Anfang des sechsten vorchristlichen Jahrhunderts lebte, aber das ist weniger wahrscheinlich.

Die heilige Schrift der Zoroastrier wurde von ihren Priestern auswendig gelernt und über einen langen Zeitraum hinweg mündlich weitergegeben. In späteren Quellen heißt es, daß das *Avesta* ursprünglich mit goldenen Lettern auf besonders präparierten Ochsenhäuten niedergeschrieben war und in Istachr aufbewahrt wurde; Alexander soll das Werk zerstört haben. Obwohl Teile davon vermutlich in parthischer Zeit, während des 1. und 2. Jahrhunderts n. Chr., erneut niedergeschrieben wurden, fertigte man wohl erst im 6. Jahrhundert, unter den Sassaniden, eine neue vollständige Fassung an. Leider ist diese nicht erhalten; die Fassung, die wir heute besitzen, geht auf das 13. oder 14. Jahrhundert zurück und enthält nur einen Bruchteil des Originals. Das *Avesta* ist in mehrere Abschnitte unterteilt: *Jasna*, eine Sammlung von Gebeten, die auch die *Gatha* (die Hymnen des Propheten Zoroaster) enthält; das *Visparad*; das *Vendidad* oder *Videvdat*, das ›Gesetz ge-

gen Dämonen‹; das *Kleine Avesta* (*Churdeh Avesta*); und schließlich
das *Jascht*, das Buch der Hymnen, in denen viele Mythen heidnischen Ursprungs, das heißt aus vor-zoroastrischer Zeit, festgehalten sind.

Erstmals in eine westeuropäische Sprache übersetzt wurde das
Avesta 1771 von dem Franzosen Anquetil du Perron. Dieser viel
kritisierten französischen Ausgabe schloß sich eine Reihe weite-
rer Übertragungen an. Die erste Übersetzung ins Englische von
James Darmesteter wurde erst 1887 veröffentlicht; 1910 erschien
eine Übertragung ins Deutsche von Fritz Wolff unter dem Titel:
Avesta, die heiligen Bücher der Parsen.

Unter den Mythen, die in dem *Jascht* benannten Abschnitt des
Avesta enthalten sind, finden sich einige uralte Erzählungen, die
vermutlich aus heidnischer indo-iranischer Zeit stammen. In
ihnen wird über die heroischen Taten von Göttern, Königen und
Kriegern gegen übernatürliche und menschliche Feinde berichtet. Viele dieser Mythen begegnen im *Schahnameh*, dem *Buch der
Könige*, wieder, einem Versepos des Dichters Firdausi, das im Jahr
1010 abgeschlossen wurde.

Darstellungen der geschichtlichen Vergangenheit waren schon in
der sassanidischen Epoche verfaßt worden, und während der
Herrschaft der abbasidischen Kalifen im 8. Jahrhundert n. Chr.
hatte man viele dieser Bücher aus dem Mittelpersischen, dem
Pehlewi, ins Arabische übersetzt; in den meisten Fällen sind aber
sowohl die Originalfassungen wie auch die Übertragungen ver-
lorengegangen. Schriftsteller wie Firdausi, die mit der älteren Literatur gut vertraut waren, sorgten jedoch dafür, daß diese über-
lebte. Schriftliche Quellen haben also im Verein mit einer
ununterbrochenen mündlichen Überlieferung die Mythen und
Geschichten aus dem alten Persien bis in unsere Tage am Leben
erhalten. Ihre Bedeutung für die persische Gesellschaft von heute
liegt darin begründet, daß fast alle Iraner, ob sie nun des Lesens
kundig sind oder nicht, bis zu einem gewissen Grad mit diesen
Geschichten vertraut sind. Insbesondere dem *Schahnameh* kommt
im Leben und in der Kultur der Perser eine entscheidende Rolle
zu, nicht nur weil es ein Text von beträchtlichem literarischen

Wert ist, sondern auch, weil in ihm in persischer Sprache die alten Mythen und die historischen Ereignisse einer fernen Vergangenheit festgehalten sind.

Die Götter und die Erschaffung der Welt

Vieles von dem, was wir über die Iraner des Altertums, ihre Götter und ihre Vorstellung von der Erschaffung der Welt wissen, stammt aus den religiösen Schriften der Anhänger des Zoroastrismus, zu denen das *Avesta* und jüngere Texte, wie das *Bundahischn* und *Denkard* gehören. Das *Bundahischn*, ›Schöpfung‹, besteht aus ins Pehlewi, ins Mittelpersische, übersetzten Teilen des *Avesta*, die in der Urfassung nicht erhalten sind, und den Kommentaren dazu, dem *Zend*. Das *Denkard* ist eine Zusammenfassung des *Avesta* in Pehlewi.

Götter, Helden und Fabelwesen treten vor allem in dem Abschnitt des *Avesta* auf, der als *Jascht* bekannt ist. Im *Jascht* werden Mythen aus vor-zoroastrischer Zeit, in denen sich eine heidnische Auffassung widerspiegelt, in Form von Hymnen dargestellt, die verschiedenen Göttern gewidmet sind. *Jascht* 5, oder *Aband Jascht*, zum Beispiel ist der Göttin Ardvi Sura Anahita gewidmet, *Jascht* 14, *Bahram Jascht*, dem Gott Verethragna, und *Jascht* 10, *Mihr Jascht*, handelt vom Gott Mithra. *Jascht* 19, *Zamjad Jascht*, enthält eine Darstellung der Suche nach der ›Göttlichen Gnade‹. Aufschlußreich ist auch das *Nijajesch*, eine Sammlung von Gebeten, in denen sich frühe zoroastrische Glaubensansichten kundtun. Darunter ist das *Atasch Nijajesch*, ein Gebet an das Feuer. Das *Vendidad* handelt von den Lebewesen und Dingen, die Ahura Mazda, der ›Weise Herr‹, erschaffen hat, und von den Zerstörungen, die sein Widersacher Angra Mainju, der in späteren Zeiten unter dem Namen Ahriman bekannt war, anrichtet.

Götter

Ahura Mazda und Angra Mainju

Ahura Mazda, der ›Weise Herr‹, ist der höchste der Götter; er verkörpert das Gute, die Weisheit und das Wissen, ist der Schöpfer der Sonne und der Sterne, des Lichts und des Dunkels, der Menschen und der Tiere und aller geistigen und körperlichen Tätigkeiten. Er bekämpft alles Böse und alles Leid. Sein Widersacher ist Angra Mainju (Ahriman), der ›Böse Geist‹, der unablässig versucht, die Welt der Wahrheit zu zerstören und Menschen und Tieren Schaden zuzufügen. Das Leben im Diesseits spiegelt den kosmischen Kampf zwischen Ahura Mazda und Angra Mainju wider. Zoroasters Lehre besagt, daß Ahura Mazda das Gute personifiziert und alle Menschen eine Wahl zwischen dem Guten und dem Bösen treffen müssen. Der Erzdämon Angra Mainju ist in der Fin-

Bronzener Dämon mit Flügeln, Löwenkörper und grimmig aufgerissenem Maul. Vermutlich verkörpert er den Bösen Geist. Angeblich in Afghanistan gefunden. Aus später sassanidischer oder früher islamischer Zeit (7.–8. Jh. n. Chr.)

sternis des Nordens zu Hause, der Heimat aller Dämonen, und
vermag seine äußere Erscheinung zu ändern: in der Gestalt einer
Eidechse, einer Schlange oder eines Jünglings bekämpft er alles,
was gut ist, und versucht alle, sogar Zoroaster selbst, in sein Reich
der Dunkelheit, der Täuschung und der Lüge zu locken. Bei seinem andauernden Kampf gegen das Gute und das, was Ahura
Mazda geschaffen hat, steht ihm eine Schar anderer Dämonen zur
Seite. Die bedeutendsten von diesen sind Aeschma, der Dämon
der Wut und der Empörung, und Azhi Dahaka, ein Ungeheuer
mit drei Köpfen, sechs Augen und drei Kieferpaaren, dessen Leib
voller Eidechsen und Skorpione ist. Den zoroastrischen Schriften
zufolge wird Angra Mainju besiegt werden, wenn das Ende der
Welt gekommen ist.

Ardvi Sura Anahita

Ardvi Sura Anahita ist die Göttin aller Gewässer auf der Erde und
die Quelle des kosmischen Ozeans. Sie fährt in einem Wagen, der
von vier Pferden gezogen wird: Wind, Regen, Wolken und
Schneeregen. Sie wird als Quelle des Lebens angesehen, die den
Samen aller männlichen Geschöpfe und die Schöße aller weiblichen rein macht und die Milch in den Brüsten aller Mütter
säubert. Weil sie mit dem Leben assoziiert wurde, riefen sie die
Krieger in der Schlacht um Beistand und Sieg an. In dem ihr ge-
widmeten *Aban Jascht* wird ihr Abstieg zur Erde folgendermaßen beschrieben:

> Dann kam Ardvi Sura Anahita hervor, o Zarathustra! herunter
> von jenen Sternen zur Erde, welche Mazda geschaffen.
>
> (*Jascht* 5,88)

Als Zoroaster sie befragt, in welcher Weise man sie verehren solle,
erwidert die Göttin:

O reiner, heiliger Spitama! [...] Dies ist das Opfer, mit dem ihr
mich ehren und mich erheben sollt, von der Stunde, da die Sonne aufgeht, zu der Stunde, da sie niedersinkt. Von diesem meinem Trank sollt ihr trinken.

(Jascht 5,91)

Ardvi Sura Anahita wird sehr anschaulich beschrieben; sie gleicht
einem schönen jungen Mädchen mit einem straffen Körper, ist
groß, rein und

von edler Abkunft, aus einem ruhmreichen Geschlecht, sie trägt
[...] einen Mantel über und über mit Gold bestickt; hält das Ba-
resma [ein Bündel geweihter Zweige] in ihrer Hand, wie die
Vorschriften es verlangen, sie ist geschmückt mit quadratischen
goldenen Ohrgehängen [...] und einer goldenen Halskette
[...]. Auf ihrem Kopf machte Ardvi Sura Anahita eine goldene
Krone fest mit einhundert Sternen, mit acht Strahlen [...] eine
schön gefertigte Krone [...] von der Bänder herabwehten.

(Jascht 5,126–128)

Anahita wird im *Avesta* gleichermaßen von Helden wie von bösen
Menschen verehrt; alle beten sie an und bringen ihr Opfer dar.
Welch bedeutenden Status diese Göttin hat, wird vor allem in dem
Kampf zwischen Gut und Böse und der Auseinandersetzung zwi-
schen den Königen des Iran und den Herrschern von Turja (Tu-
ran), dem Gebiet im Nordosten des Iran, offenbar.

Verethragna

Verethragna ist der Kriegergott, er verkörpert die aggressive,
siegreiche Kraft im Kampf gegen das Böse. In dem *Bahram Jascht,*
einer Hymne, die ihm gewidmet ist, tritt er in zehn verschiedenen
Erscheinungsformen auf: als starker Wind, als Stier mit gelben
Ohren und goldenen Hörnern, als weißes Pferd mit goldenem
Prunkgeschirr, als Kamel, das eine Last trägt, als Wildeber, als
Jugendlicher, der das ›ideale‹ Alter von fünfzehn Jahren hat, als

Silberteller (spätes 4. Jh. n. Chr.). In der Mitte sind zwei Investiturszenen dargestellt; die große Figur links oben, die ein Diadem in der Hand hält – ein Zeichen dafür, daß es sich um einen König oder eine Gottheit handelt –, sitzt auf einem tacht, einem bankähnlichen Thron, der von zwei dem mythischen Vogel Simurgh ähnlichen Fabelwesen gestützt ist schnellfliegender Vogel (vielleicht ein Rabe), als wilder Widder, als kämpfender Hirsch und als ein Mann, der ein Schwert mit goldener Klinge in der Hand hält. Als Zoroaster Ahura Mazda befragt, was er tun solle, wenn der Fluch des Feindes ihn träfe, rät der Weise Herr ihm, sich eine Feder von Verethragna zu verschaffen, wenn dieser die Gestalt eines Vogels habe:

> Mit jener Feder sollst du über deinen eigenen Körper streichen, mit jener Feder wirst du den Fluch auf die Feinde zurückwenden. Wenn ein Mann einen Knochen von jenem mächtigen Vogel in der Hand hält, kann niemand diesen glücklichen Mann besiegen oder in die Flucht schlagen. Die Feder von jenem Vogel schafft ihm Hilfe.
>
> (*Jascht* 14,35 f.)

Eine interessante Parallele hierzu finden wir im *Schahnameh*: dort wird von Simurgh erzählt, einem Vogel, dessen Federn ebenfalls eine heilende Wirkung haben. Von Verethragna wird auch berichtet, daß er »die Streitwagen der Götter [...], die Streitwagen der Herrscher« trägt (*Jascht* 14,39).
In einer Beschreibung des Gottes Mithra wird Verethragna als derjenige geschildert, der,

> von Ahura geschaffen, losstürmt, den Feinden zu trotzen, in der Gestalt eines Wildschweins, eines Ebers mit spitzen Zähnen, eines Ebers mit scharfen Kiefern, der [die Feinde] tötet mit einem Schlag, sie verfolgt, zürnend, mit triefendem Antlitz; stark, mit eisernen Füßen, eisernen Vorderklauen, eisernen Waffen, einen eisernen Schwanz und eisernen Kiefern.
>
> (*Jascht* 10,10)

Mithra

Mithra (bei den Römern: Mithras) ist die bekannteste Gottheit des iranischen Pantheons, was zum Teil auf die Verbreitung und Beliebtheit des Mithras-Kultes im Römischen Reich zurückzuführen ist. Das avestische Wort *mithra* bedeutet ›Pakt, Vertrag, Überein-

kunft‹. In *Jascht* 10, dem *Mihr Jascht*, tritt Mithra als derjenige in
Erscheinung, der über die Menschen wacht, über ihre Taten, ihre
Abkommen und Verträge. Er ist der Führer zur ›Rechten Ord-
nung‹, *ascha*, und ihm obliegt es auch, vor Angriffen zu schützen.
Als der Gott, der über die kosmische Ordnung – den Wechsel von
Tag und Nacht und den Verlauf der Jahreszeiten – wachte, wurde
er mit dem Feuer und der Sonne in Verbindung gebracht; schließ-
lich geriet er sowohl im Iran als auch in Indien zum Sonnengott.
Er wird beschrieben als der,

> der als erster der himmlischen Götter über den Hara [das Al-
> burs-Gebirge] hinüberragt, vor der nie sterbenden Sonne mit
> ihren geschwinden Pferden; der als erster in einem goldenen
> Gewand von den wunderschönen Berggipfeln Besitz ergreift
> und von dort mit gütigem Auge über die Wohnstätten der Arier
> [der iranischen Völker] hinwegblickt.
>
> (*Jascht* 10,13)

Zu seinen vielen Tugenden gehört auch sein Sinn für Gerechtig-
keit: er schützt die Gläubigen und straft die Ungläubigen. Er wird
mit Kriegern in Verbindung gebracht und als auf einem von weißen Pferden gezogenen Streitwagen fahrend dargestellt. Er ist mit
einem silbernen Speer bewaffnet, trägt einen goldenen Panzer und
ist mit Pfeilen ausgerüstet, die goldene Schäfte haben, sowie mit
Äxten, Keulen und Dolchen. Er ist

> der Herr der weitläufigen Triften, der wahr spricht, [...] mit
> eintausend Ohren, [...] mit zehntausend Augen, [...] stark, nie
> schlafend, immer wach.
>
> (*Jascht* 10,7)

Die Keule des Mithra erweist sich nicht nur im Kampf gegen die
Ungläubigen, sondern auch gegen den Bösen Geist, Angra Mainju, als wirksame Waffe:

> eine Keule mit einhundert Höckern, einhundert Kanten, die
> vorschnellt und die Menschen fällt; eine aus rotem Messing

gegossene Keule [...]; die stärkste aller Waffen, die siegreichste aller Waffen, vor der Angra Mainju, der zur Gänze der Tod ist, voller Furcht flieht.

(*Jascht* 10,96 f.)

Bis heute erhalten neugeweihte zoroastrische Priester die Keule des Mithra, damit sie ihnen helfe, das Böse zu bekämpfen. Mit dem Mithra-Fest *Mithrakana* (*Mihrigan* in modernem Persisch) wurde die Tag- und Nachtgleiche im Herbst begangen. Der im heutigen Kalender als *Mihr* bezeichnete Monat (Oktober) ist nach dem Gott benannt.

Eine der wichtigsten Pflichten des Mithra war es, das Königliche Glück oder die Göttliche Gnade (*chvarnah* oder *farr*) zu schützen.

Römische Marmorskulptur des Gottes Mithras, der einen Stier tötet (vermutlich 2. Jh. n. Chr.)

Nur die rechtmäßigen Herrscher der Iraner genossen das Privileg, der Göttlichen Gnade teilhaftig zu werden; diese wich aber von einem König, wenn er vom rechten Pfad abkam (wie die Geschichte von König Jima zeigt (s. S. 54). Bei seiner Aufgabe, das *chvarnah* zu schützen, wird Mithra von Apam Napat, dem Gott des Wassers, unterstützt.

Angehörigen westlicher Zivilisationen ist der ›persische Gott‹ wohl vor allem durch die Rolle bekannt, die er im römischen Mithras-Kult spielte. Der persische Ursprung dieses Kults ist unbestritten, fraglich ist aber, ob es wirklich eine Verbindung zwischen ihm und dem Zoroastrismus gibt. Abbildungen des Mithras, der den Stier tötet, werden nicht mehr als Darstellungen des Kampfes zwischen dem Guten und dem Bösen interpretiert. Man deutet sie heutzutage auch nicht mehr so, daß hier die Tötung des ersten Stieres und die Erschaffung der Welt aus dem geläuterten Samen des geschlachteten Tieres ins Bild gesetzt seien, sondern man vermutet, daß die bekannten Reliefs, mit denen die Mithräen in der gesamten westlichen Welt geschmückt sind, mit astrologischen Praktiken und Vorstellungen im Zusammenhang stehen.

Vaju

Vaju, der Gott des Windes, wird ebenfalls als ein Kriegergott dargestellt, der mit seinem spitzen Speer und seinen goldenen Waffen dem Bösen Geist nachstellt, um die guten Schöpfungen von Ahura Mazda zu schützen. Vaju herrscht in einer Zwischenzone zwischen den Reichen von Ahura Mazda und Angra Mainju, zwischen dem Licht und dem Dunkel.

Tischtrja

Tischtrja, der Gott des Regens, ist im Sirius oder Hundsstern (Canis Maior) personifiziert. Seine Widersacher sind die Hexe Duzhjairja, ›Mißernte‹, und der noch gefährlichere Dämon Apaoscha, ›Dürre‹. Tischtrja wird sehr anschaulich geschildert als der Gott, der aus der Quelle jeglichen Wassers, dem Vourukascha-Meer, aufsteigt und das Wasser auf die verschiedenen Länder verteilt. In seinem Kampf mit Apaoscha zieht der

> strahlende und ruhmreiche Tischtrja hinunter zum Vouruka-scha-Meer in Gestalt eines weißen, wunderschönen Pferdes mit goldenen Ohren und goldenem Behang. Hin stürmt zu ihm, um ihm zu trotzen, der Daeva Apaoscha in Gestalt eines dunklen Pferdes, schwarz mit schwarzen Ohren, schwarz mit einem schwarzen Rücken, schwarz mit einem schwarzen Schweif, mit Zeichen des Schreckens bedeckt. Sie stoßen aufeinander, Huf gegen Huf, o Spitama Zarathustra! der strahlende und ruhmreiche Tischtrja und der Daeva Apaoscha.
>
> (*Jascht* 8,20–22)

Als der Dämon der Dürre im Begriff ist, die Oberhand zu gewinnen, flieht Tischtrja vom Vourukascha-Meer und klagt dabei, daß er, wenn die Menschen ihn nur nach Gebühr verehrt hätten, »angenommen hätte [...] die Stärke von zehn Pferden, die Stärke von zehn Kamelen, die Stärke von zehn Stieren, die Stärke von zehn Bergen, die Stärke von zehn Flüssen« (*Jascht* 8,24).
Als schließlich Zoroaster in eigener Person ihm ein Opfer darbringt, steigt der Gott erneut als weißes Pferd zum Meer hinab, um seinem Gegner entgegenzutreten. Wiederum kämpfen sie Huf gegen Huf, und dieses Mal »erweist sich der strahlende und ruhmreiche Tischtrja als stärker, und er bezwingt den Daeva Apaoscha« (*Jascht* 8,28).
Dem Gott des Regens gelingt es, Wasser auf die Felder niederströmen zu lassen, auf die ganze Welt, und Dampf, der von dem Meer aufsteigt, bewegt sich, vom Wind getrieben, in Form von Wolken vorwärts. Der vierte Monat des iranischen Kalenders heißt nach dem Gott Tischtrja *Tir*, und *Tiragan* war der Name eines Regenfestes.

Atar

Atar, ›Feuer‹, gilt im Zoroastrismus als Sohn des Ahura Mazda, des ›Weisen Herrn‹. Als Opfer hatten die Gläubigen ihm Fleisch darzubringen und dabei ein Bündel geweihter Zweige in der Hand zu halten. Jedes Haus mußte eine Feuerstelle besitzen, auf der die Opfergaben verbrannt werden konnten und vor der man die entsprechenden Gebete aufsagte:

O Atar, Sohn des Ahura Mazda! Du bist würdig des Opfers und der Anrufung; mögest du das Opfer und die Anrufung in den Häusern der Menschen empfangen.

(Atasch Nijajesch 7)

Atar steht in enger Beziehung zum Gott Mithra: gemeinsam gelingt es ihnen, die Göttliche Gnade vor dem Dämon Azhi Dahaka zu retten. Es wird erzählt, daß Atar hinter dem Streitwagen Mithras herreitet. Die Geschichte seiner Beteiligung am Kampf Mithras mit Azhi Dahaka um die Göttliche Gnade im *Zamjad Jascht* ist einer der wenigen erhaltenen Texte, die von ihm handeln:

Rückseite einer von dem ersten sassanidischen König Ardaschir I. (um 224–242 n. Chr.) ausgegebenen Münze. Der Feueraltar ist ein Symbol des Zoroastrismus, der unter den Sassaniden zur Staatsreligion wurde

Aber Atar, der Sohn von Ahura Mazda, näherte sich ihm [dem Dämon] von hinten und sprach diese Worte: »Gib es mir, du dreimäuliger Azhi Dahaka. Wenn du dich jener Gnade bemächtigst, deren man sich nicht mit Gewalt bemächtigen kann, werde ich von hinten in dich hineinfahren, ich werde zwischen deinen Kiefern auflodern, so daß du niemals mehr auf die Erde, die Mazda geschaffen, niederfahren und die Welt des guten Prinzips zerstören kannst.« Darauf zog Azhi seine Hände zurück, da sein Überlebenswille stärker war, so sehr hatte Atar ihn in Furcht versetzt.

(Jascht 19,49–51)

Das Feuer spielt noch heute eine bedeutende Rolle in der zoroastrischen Religion und wird immer noch in Feuer-Tempeln verehrt; es ist ein wichtiges Symbol des Zoroastrismus. In sassanidischer Zeit gab es drei berühmte ›ewige Feuer‹, von denen jedes eine der drei Gesellschaftsklassen repräsentierte: das Farnabag-Feuer stand für die Priester, das Guschnasp-Feuer für die Krieger und das Burzin Mihr-Feuer für die Arbeiter. Das Guschnasp-Feuer wurde vermutlich in Tacht-i Sulaiman im nordwestlichen Iran unterhalten. Bis heute wird das Bahram-Feuer, das heiligste aller Feuer, als notwendig angesehen, um die Mächte der Finsternis und des Bösen zu bekämpfen, und gilt als Wahrheitssymbol.

Haoma

Haoma (vedisch: Soma) ist der Gott, der Gesundheit und Kraft spendet, der für reiche Ernten sorgt und den Menschen Söhne schenkt. Sein Name ist auch der einer Pflanze, die heilende Wirkung hat und vermutlich der Gattung Ephedra angehört. Der Saft dieser Pflanze verlieh übernatürliche Kräfte und hatte eine berauschende Wirkung. Man glaubte, daß der Gott einem Stärke zu verleihen vermochte, mit der man jeden Feind überwältigen konnte. Als Kavi Haosravah (Kai Chosrau) Franrasjan (Afrasiab), den König von Turan, vernichtete (s. S. 47), hatte er den Beistand Haomas.

Die Schöpfung der Welt

Die alten Iraner glaubten, daß der Himmel der Teil der Welt war, der als erster geschaffen wurde. Ursprünglich stellte man sich ihn als eine Art Schale aus Bergkristall vor, die sich nicht nur über, sondern auch unter der Erde wölbte. Später glaubte man, daß er aus Metall sei. Nach dem Himmel wurde das Wasser geschaffen und dann die Erde. Es folgten die Pflanzen und danach die Tiere. Die Menschen entstanden durch einen sechsten Schöpfungsakt und das Feuer wahrscheinlich durch einen siebenten und letzten.

Man glaubte, daß die Berge aus der Oberfläche der Erde herausgewachsen seien, die ursprünglich eine flache Scheibe gewesen war, welche sowohl die westliche als auch die östliche Welt umfaßte. Bestimmte geographische Regionen und Orte sind mit der Schöpfung der Welt in Zusammenhang gebracht worden. Der Berg Hara (auch Alburs oder Harbuz) wird im *Avesta* (*Jascht* 19,1) als der erste Berg der Welt bezeichnet; es heißt, daß er achthundert Jahre

Der Gipfel des Berges Demavend im Alburs-Gebirge nördlich von Teheran

brauchte, um zu wachsen, daß seine Wurzeln tief in die Erde hinabragen und sein Gipfel am Himmel befestigt ist. Er ist der bedeutendste aller Berge. Wie auch die Inder glaubten die Iraner, daß die Welt in sieben Regionen oder *karschvar* unterteilt sei (*keschvar* ist im modernen Persisch das Wort für ›Land‹). Diese Regionen entstanden, als der erste Regen auf die Erde fiel. Die in der Mitte gelegene Region, *Chvanirath*, die, in der die Menschen wohnen, war so groß wie die anderen sechs zusammen. Im *Bundahischn* wird sie folgendermaßen beschrieben:

> Über die Beschaffenheit der Erde heißt es in der Offenbarung, daß es dreißig und drei Arten von Land gibt. An dem Tag, als Tistar [der Gott des Regens] den Regen hervorbrachte und als daraus die Meere entstanden, wurde alles zur Hälfte von Wasser bedeckt und in sieben Bereiche unterteilt; der eine Bereich, der eine Hälfte vom Ganzen ausmacht, ist die Mitte, und die sechs anderen sind um ihn herum geordnet; diese sechs Gebiete sind zusammen so groß wie *Chvaniras*. Ihnen wird auch der Name *keschvar* gegeben, und sie lagen Seite an Seite. [...] Und was die sieben Gebiete betrifft, so wurde alles Segenbringende in Chvaniras geschaffen. [...] Denn die Kajani und die Helden wurden in Chvaniras geschaffen; und die gute Religion der Mazdajaner wurde in Chvaniras geschaffen, und später von dort in die anderen Gebiete getragen.
>
> (XI, 1–6)

Chvaniras (Chvanirath) ist auch das Gebiet, in welchem der Gipfel des Hara (Alburs), um den die Sterne, der Mond und die Sonne kreisten, aus den Wurzeln des Alburs-Gebirges herausgewachsen sein soll. Im *Bundahischn* wird folgendes berichtet:

> Über die Beschaffenheit der Berge heißt es in der Offenbarung, daß zunächst die Berge innerhalb von achtzehn Jahren emporwuchsen, und daß der Alburs immer weiter wuchs, bis achthundert Jahre vorüber waren; zweihundert Jahre bis zum Bereich der Sterne, zweihundert Jahre bis zum Bereich des Mon-

des, zweihundert Jahre bis zum Bereich der Sonne und zweihundert Jahre bis zum Bereich des unendlichen Lichtes. Die anderen Berge sind aus dem Alburs herausgewachsen, an der Zahl sind es 2244.

(XII,1 f.)

Gegossene Stuckplakette aus Tschal Tarchan bei Ray. Dargestellt ist der mythische Vogel Senmurv oder Simurgh (späte sassanidische Zeit; 7.–8. Jh. n. Chr.)

Während das Alburs-Gebirge oder der Berg Hara als Ursprungsort allen Lichtes und Wassers galt, wird das Vourukascha-Meer im *Avesta* als Ort beschrieben, an dem alle Gewässer zusammenliefen. Dieses Meer nahm ›ein Drittel der Erde‹ ein, ›im Süden, an den Ausläufern des Alburs‹ (*Vendidad* 21,16), und wurde von einem gewaltigen Fluß, dem Harahvaiti, gespeist. Zwei große Ströme flossen aus diesem Meer heraus – der eine nach Osten, der andere nach Westen – und bildeten die Grenzen der bewohnten Welt. Diese Flüsse wurden auf ihrem Weg um die Erde herum gereinigt, und nachdem ihr sauberes Wasser wieder ins Vourukascha-Meer hineingeflossen war, wurde es zum Gipfel des Hara zurückgeleitet.

In der Mitte des Meeres wuchs die Mutter aller Bäume, der Ursprung aller Pflanzen, der im *Avesta* als ›Saena‹-Baum, als Baum jeder Heilung oder Baum allen Samens bezeichnet wird. Dieser Ur-Baum beherbergte das Nest von Saena (»Senmurv« auf Pehlewi; »Simurgh« auf persisch), dem legendären Vogel. Er brachte auch den Samen aller anderen Gewächse hervor. In seiner Nähe stand die ›mächtige Gaokerena-Pflanze‹, die Heilung brachte, wenn man von ihr aß, und den wiederauferstandenen Körpern der Toten Unsterblichkeit verlieh.

Das erste Tier auf der Welt war der ›einzig geschaffene Stier‹, von weißer Farbe und wie der Mond glänzend. Zoroastrischer Überlieferung zufolge wurde er von Angra Mainju, dem Bösen Geist, getötet und sein Samen zum Mond hinaufgetragen. Nachdem er völlig geläutert worden war, brachte dieser Samen viele Tierarten hervor. Wenn etwas davon in Wasser fiel, keimten Pflanzen daraus auf.

Dieser einzig geschaffene Stier war am Ufer von Veh Daiti (Veh Rod) zu Hause, dem Fluß, der aus dem Vourukascha-Meer gen Osten floß. Am gegenüberliegenden Ufer lebte Gajomartan (Gajomard auf Pehlewi; Kajumars im *Schahnameh*). In *Jascht* 13,87 wird er als der erste Mensch bezeichnet; er war genauso breit wie hoch und »strahlend wie die Sonne«. Auch Gajomartan wurde von Angra Mainju getötet, aber die Sonne läuterte seinen Samen, und nach vierzig Jahren keimte eine Rhabarberpflanze daraus auf. Aus dieser Pflanze entwickelten sich im Lauf der Zeit Maschja und Maschjanag, der erste sterbliche Mann und die erste sterbliche Frau. Von Angra Mainju getäuscht, verehrten sie ihn als den Schöpfer und begingen auf diese Weise die erste Sünde. Statt von Frieden und Eintracht war ihre Welt von Verderbnis und Bösem erfüllt. Erst nach fünfzig Jahren vermochten sie Nachkommen zu zeugen, aber das erste Zwillingspaar, das auf die Welt kam, wurde von seinen eigenen Eltern verschlungen. Nach einer langen Zeit der Unfruchtbarkeit wurden ihnen wieder Zwillinge geboren, und von diesen stammt nicht nur die menschliche Rasse in ihrer Gesamtheit ab, sondern insbesondere auch das iranische Volk mit seinen verschiedenen Stämmen.

Über die Beschaffenheit des Menschen heißt es in der Offenbarung, daß Gajomard, als er im Sterben lag, Samen von sich gab; dieser Samen wurde von der Bewegung des Sonnenlichts vollständig geläutert [...] und in vierzig Jahren sowie den fünfzehn Jahren ihrer fünfzehn Blätter wuchsen in Gestalt einer Rivas-Pflanze [Rhabarber] mit einem Stiel Matro und Matrojao [Maschja und Maschjanag] aus der Erde in der Weise, daß ihre Arme hinten auf ihren Schultern ruhten, und einer mit dem anderen verwachsen, waren sie miteinander verbunden und sich beide gleich [...]. Und beide änderten ihre Gestalt von der einer Pflanze in die eines Menschen, und der spirituelle Atem ging in sie ein, der die Seele ist; [...] Ahura Mazda sprach: »[...] Ihr seid Menschen, ihr seid die Vorfahren der ganzen Welt, und ihr seid von mir geschaffen in vollkommener Frömmigkeit; erfüllt voll Frömmigkeit die Pflicht des Gesetzes, [...] sprecht gute Worte, tut gute Taten und verehrt keine Dämonen [...].« Aber später fuhr Feindseligkeit in ihr Denken, und ihr Denken war völlig verderbt, und sie verkündeten, daß der Böse Geist das Wasser und die Erde, die Pflanzen und Tiere geschaffen.

(Bundahischn XV,1–9)

Dämonen, Fabelwesen und Helden

Im *Avesta* und in anderen religiösen Schriften des Zoroastrismus wird von Dämonen, Fabelwesen und menschlichen Helden erzählt, mit denen die alten Iraner ihre Welt bevölkerten. Das *Avesta* ist die ergiebigste Quelle, doch in jüngeren Texten wie dem *Bundahischn* wird ebenfalls ausführlich von den alten Helden und von ihren Gegnern berichtet.

Dämonen und böse Mächte

In der Frühzeit unterschied man zwischen zwei Arten von bösen Mächten, solchen, die die Körper der Menschen unmittelbar angriffen, und solchen, die die Menschen umlauerten und auf die Gelegenheit warteten, ihnen, ihrem Vieh oder ihrer Ernte Schaden zuzufügen.

Der Oberbegriff für alle bösen Wesen lautete *jatu*; mit diesem Wort wurden aber auch ihre Gegner bezeichnet, diejenigen, die das Böse und seine Macht zu bekämpfen vermochten: die Hexer und Zauberer. (Das moderne persische Wort für Magie und Hexerei lautet *dschadu*, und ein *dschadugar* ist ein Magier oder Zauberer.) Die Dämonen hießen *div*, ein Name, der seinen Ursprung in dem alten Wort *daeva* hat, was ›Gott‹ oder auch ›falscher Gott‹ bedeuten konnte (vgl. das lateinische *deus*). Es gab auch eine Gruppe von weiblichen bösen Geistern, die *pairaka* hießen (*pari* im modernen Persisch; vgl. das englische *fairy* und deutsche *Fee*), die vor allem in der Nacht aktiv waren und ein hexenhaftes Wesen hatten. *Paira-*

ka konnten in verschiedenen Gestalten auftreten, etwa als Ratte
oder auch als Sternschnuppe. Manchmal verliehen sie sich große
Schönheit, um Männer zu verführen und ihnen Schaden zuzufügen; in späteren persischen Erzählungen wird ihre schöne Gestalt
gepriesen. Der bösartigste aller Dämonen war der weibliche Geist
Nausch, der später in der zoroastrischen Überlieferung als ge-
fleckte Fliege aus dem Norden, der Quelle und Heimat alles Bösen, erscheint. Sie gehörte zu einer Gruppe von bösen Wesen, die
als *drug* bezeichnet wurden (im modernen Persisch bedeutet *durugh*
›Lüge‹). Einer der Widersacher der *div* und *paraika* war der Gott
Mithra.

Fabelwesen

Unter den Fabelwesen, die in zoroastrischen Texten erwähnt werden, kommt dem legendären Vogel Saena (Pehlewi: Senmurv),
einem großen weiblichen Falken, eine besondere Stellung zu.
Saena sitzt auf dem Baum aller Samen, und indem sie ihre Flügel
schlägt, bewirkt sie, daß die Samenkörner ausgestreut werden.
Diese werden vom Regen und vom Wind weggetragen und auf
der ganzen Erde verbreitet. Jüngeren Legenden zufolge säugt
sie ihre Jungen. Sehr wahrscheinlich ist Saena mit dem Vogel
Simurgh aus späterer Zeit gleichzusetzen; in Firdausis *Schahnameh*
spielt ein ähnlicher legendärer Vogel mit übernatürlichen Kräften
in der Geschichte von Zal und seinem Sohn Rostam eine wichtige
Rolle.
Der Baum aller Samen steht in der Mitte des Vourukascha-Meers
und wird von einem Fisch, dem Kara, beschützt, der um ihn her-
umschwimmt und alle Geschöpfe, die ihm schaden könnten, von
ihm fernhält. Besonders gefährlich ist der Frosch, der an den Wurzeln des heiligen Baums zu nagen versucht. Ein anderes Fabelwesen, dessen Aufgabe es ist, den Baum zu schützen, ist der ›recht-
schaffene Esel‹. Dieses Geschöpf hat einen weißen Körper, ein
goldenes Horn auf dem Kopf, drei Beine, sechs Augen und neun
Mäuler. Es steht ebenfalls in der Mitte des Vourukascha-Meers

und vernichtet alle schädlichen Wesen, die sich in seinem Wasser befinden.

Außer Saena werden im *Avesta* noch weitere Vögel erwähnt: Karschiptar, der ›Geschwind-Fliegende‹, der die Worte des Propheten Zoroaster verbreitet haben soll, und Aschozuschta, die Eule, die böse Dämonen abschreckt, indem sie heilige Wörter raunt. Schließlich gibt es noch den Vogel Tschamrusch, der dabei hilft, die Samen des Saena-Baumes zu verbreiten, und außerdem noch eine patriotische Aufgabe erfüllt: er hackt auf alle Nicht-Iraner ein.

Vergoldete Silberschale mit Senmurv, der ›Königin der Vögel‹. Senmurv oder Simurgh ist ein Mischwesen aus Vogel und Hund oder Löwe (späte sassanidische Zeit, 7.–8. Jh. n. Chr.)

Man glaubte, daß Menschen, Tiere, Pflanzen und Feldfrüchte be-
ständig nicht nur von Dämonen, sondern auch von anderen Schaden bringenden Geschöpfen bedroht seien. Diese wurden als *chrafstra* bezeichnet, und zu ihnen zählten alle Arten von Raub- und
Nagetieren, Frösche, Eidechsen, Schildkröten, Spinnen und In-
sekten wie Wespen, Ameisen und Käfer. Katzen verabscheute
man, weil sie zu derselben Gattung gehörten wie die gefährlichen
Löwen und Tiger. Zu der Gruppe der *chrafstra* zählten auch Fabelwesen, die von menschlichen Helden bekämpft wurden. Gewöhnlich hatten sie die Gestalt von Schlangen oder Drachen, *azhi*.
Das gefürchtetste Wesen dieser Art war der Azhi Dahaka (*azhdaha*
im heutigen Persisch), ein Ungeheuer mit drei Köpfen, das Menschen fraß. Dieses menschenverschlingende, dreiköpfige Monster
begegnet in Firdausis *Schahnameh* wieder, wo es den Namen Sahhak trägt. Im *Avesta* wird der Azhi Dahaka beschrieben als:

> der dreimäulige, dreiköpfige, sechsäugige, der über tausend
> Sinne verfügt, jener höchst mächtige, bösartige *drug*, jener Dä-
> mon, der Unheil über die Welt bringt, der stärkste *drug*, den
> Angra Mainju gegen die dingliche Welt geschaffen, um die Welt
> des guten Prinzips zu zerstören.
>
> (*Jascht* 9,14)

In einem anderen Abschnitt des *Avesta*, dem *Aban Jascht*, wird davon erzählt, wie der Azhi Dahaka die Göttin des Wassers Ardvi
Sura Anahita eindringlich bittet, ihm bei seinem Versuch beizustehen, die Göttliche Gnade an sich zu bringen:

> Ihr bot Azhi Dahaka, der dreimäulige, ein Opfer dar im Land
> Bavri [Babylon?], ein Opfer von einhundert Hengsten, eintau-
> send Ochsen und zehntausend Lämmern. Er erbat von ihr eine
> Gnade, er sagte: »Gewähr mir diese Gnade, o gute, höchst
> wohltätige Ardvi Sura Anahita! auf daß ich alle sieben Karsch-
> vares der Erde von den Menschen leeren kann.«
>
> (*Jascht* 5,29f.)

Vergoldete Silberschale: ein König zu Pferd auf Löwenjagd (sassanidisch, 5.–7. Jh. n. Chr.). Löwen kamen im südwestlichen Iran noch zu Beginn des 20. Jahrhunderts vor

Dies geschah, nachdem die Göttliche Gnade den sündigen König Jima verlassen hatte. Azhi Dahaka war mit zwei Töchtern dieses Königs verheiratet. Dem Ungeheuer gelingt es nicht, gegen Atar, den Gott des Feuers, zu bestehen, der die Göttliche Gnade rettet, indem er sie zum Vourukascha-Meer bringt. Es wird schließlich von Thraetaona besiegt (dem Faridun des *Schahnameh*), der es gefangenhält. Am ›Ende der Welt‹ wird es wieder entkommen, aber schließlich von Keresaspa (der auch als Garschasp bekannt ist) getötet werden.

Andere Drachen oder *azhis* sind der gehörnte gelb-grüne Azhi Sruvara, der Menschen und Pferde verschlingt, Gandareva mit den goldenen Fersen, der im Vourukascha-Meer wütet, und der junge Snavidhka, der vorhat, seinen Wagen von guten und bösen Geistern ziehen zu lassen, wenn er voll ausgewachsen sein wird. Es gibt auch einen riesigen bösen Vogel mit Namen Kamak; er und die anderen bösartigen Fabelwesen sind Feinde der Menschheit, sie werden aber von den Helden besiegt. Der Dualismus zwischen Gut und Böse und dem Triumph des Guten ist ein zentrales Thema der zoroastrischen Religion.

Der erste Mensch und die Helden

Einige der legendären Helden, von denen im *Avesta* und in den späteren heiligen Schriften des Zoroastrismus berichtet wird, sind vermutlich viel älteren Ursprungs, das heißt, sie stammen aus der Zeit, als sich die indisch sprechenden und iranisch sprechenden Völker, die durch ihre Sprache miteinander verwandt waren, noch nicht getrennt hatten. Nach dem Auftreten des Propheten Zoroaster und der Verbreitung der nach ihm benannten Religion wurden einige der älteren Vorstellungen und Traditionen in das *Avesta* aufgenommen, vor allem in den Teil, der als *Jascht* bekannt ist. Der *Zamjad Jascht* (Jascht 19) enthält eine detaillierte Beschreibung dieser Helden, von denen fast alle in Firdausis *Schahnameh*, das fast zweitausend Jahre später verfaßt wurde, wiederbegegnen. Dieser Teil des *Jascht* wirkt daher fast wie eine Art frühe Kurzfassung des *Schahnameh*.

Gajomartan – der Name bedeutet ›Sterbliches Leben‹ – ist der mythische erste Mensch. Er ist ›strahlend wie die Sonne‹, eine große und beeindruckende Gestalt, die aus Erde geschaffen wurde:

Wir verehren die Fravaschi [die gottgewordenen Seelen] von Gaja Maretan, der als erster den Gedanken und den Lehren von Ahura Mazda lauschte; aus dem Ahura das Antlitz der arischen [iranischen] Nationen formte, den Samen der arischen Nationen.

(Jascht 13,87)

Gajomartan fällt dem Bösen Geist zum Opfer, aber sein Samen wird nach seinem Tod von der Sonne geläutert. Vierzig Jahre, nachdem er der Erde zurückgegeben wurde, wächst aus seinem Samen eine Rhabarberpflanze, aus der sich der erste sterbliche Mensch und die erste sterbliche Frau bilden.

Der erste der mythologischen Könige der Iraner ist Haoschanha (Huschang im *Schahnameh*) aus der Dynastie der Paradata (Pischdadi im *Schahnameh*). Im *Aban Jascht* erscheint er als Haoschanha, der Paradata, der die Göttin des Wassers Ardvi Sura Anahita bittet, daß sie ihm helfe, die Dämonen und anderen bösen Mächte zu überwältigen.

Ihm folgt Tachma Urupi (Tahmuras im *Schahnameh*), der über die sieben Länder herrschte, über die bösen Geschöpfe und Dämonen, und »auf Angra Mainju ritt, der in ein Pferd verwandelt worden war, um die ganze Erde herum, von ihrem einen Ende zum anderen, dreißig Jahre lang« (*Jascht* 19,28 f.).

Der größte Held der iranischen Mythologie war ohne Zweifel Jima (Dschamschid im *Schahnameh*). Als Jima Chschaeta, König Jima, gehört er der gemeinsamen Tradition der Indo-Iraner an. Sein indisches Äquivalent, der vedische Jama, zieht es vor, zu sterben und König der Toten zu werden. Der avestische Jima ist der ›schöne Jima‹, ›der gute Hirte‹ (*Vendidad* 11,21). Er wird in dem mystischen Land Airjaneum Vaedschah (Eranvedsch auf Pehlewi) in höchsten Ehren gehalten; dieses Land stellte für die alten Iraner den Mittelpunkt der Welt dar. Vermutlich war damit ihr altes Ursprungsland, das heißt Choresmia, gemeint. Jima wird als der König bezeichnet, dessen Herrschaft sich über die ganze Welt erstreckte, eine Welt, in der alles gut war. Er sagt:

راه بجاب شپروز راعت کرده یوستین سمور و سنجاب

Illustration aus einer gekürzten Prosafassung des Schahnameh *aus Kaschmir (18. Jh.); dargestellt ist der mythische König Huschang*

Ich werde nähren und regieren und über deine Welt wachen. So-
lange ich König bin, soll es weder kalten Wind geben noch heißen Wind, weder Krankheit noch Tod.

(*Vendidad* 11,5)

Nachdem er dreihundert Jahre geherrscht hat, ist die Welt mit
Menschen, Tieren und Vögeln überfüllt. Jima vergrößert sie
mit seinem goldenen Stock und seiner goldenen Peitsche um ein
Drittel. Dies wiederholt sich noch zweimal, nach sechshundert
Jahren und nach neunhundert Jahren. Dann versündigt sich Jima,
indem er eine Lüge ausspricht, und die Göttliche Gnade verläßt
ihn:

Aber als er Vergnügen zu finden begann an Worten der Falsch-
heit und Unwahrheit, konnte man sehen, wie die Göttliche
Gnade in Gestalt eines Vogels von ihm floh. Als die Gnade von

ihm gewichen war, da zitterte der große Jima Chschaeta, der
gute Hirte, und war in Sorge vor seinen Feinden; er war ver-
wirrt und streckte sich auf den Boden.

(Jascht 19,34)

Im Zusammenhang mit der Geburt des Propheten Zoroaster tritt
Jima als König des Paradieses wieder in Erscheinung. Die Beschreibung, die im Vendidad von ihm gegeben wird, dem Teil des
Avesta, der vermutlich aus dem 2. oder frühen 3. Jahrhundert
n. Chr. datiert, ist besonders interessant. Hier wird ein ganz anderes Bild von ihm gezeichnet; es ist nicht die Rede davon, daß er
sich versündigt, und er spielt in einem Epos eine Rolle, das der
mesopotamischen Geschichte von der Sintflut ähnelt. In diesem
späten Text regiert Jima eintausend Jahre lang, dann künden die
Götter an, daß Zeiten des Frostes und der Kälte bevorstehen und
daß er daher einen Mann und eine Frau und Vertreter der besten
Tier- und Pflanzenarten um sich scharen soll. In späteren zoroastrischen Legenden ist Jima unsterblich; in persischen Volkserzäh-
lungen und in dem Epos Schahnameh wird jedoch davon erzählt,
daß er eine Sünde begeht und stirbt.

Thraetaona ist vor allem für seinen Kampf gegen Azhi Dahaka bekannt, den er nicht tötet, sondern bis zum Ende der Welt im Berg
Demavand gefangen hält (Bundahischn XXIX,9). Im Avesta wird
auch seine Abstammung erwähnt:

Dann ergriff Thraetaona jene Gnade, er, der Nachkomme
der tapferen Athvja-Sippe, der der siegreichste aller siegreich-
sten Männer neben Zarathustra war, er, der Azhi Dahaka über-
wältigte.

(Jascht 19,36f.)

Bevor er dem Drachen entgegentritt, bittet Thraetaona die Was-
sergöttin Ardvi Sura Anahita um Hilfe und bringt ihr ein Opfer
von »einhundert Hengsten, eintausend Ochsen, zehntausend
Lämmern« dar (Jascht 5,33). Er erwähnt dann die beiden wunderschönen Frauen des Azhi Dahaka, Savanghavak und Erenavak
(Schahrnaz und Arnavaz im Schahnameh). Im Farvardin Jascht

(*Jascht* 13,131) heißt es auch, daß Thraetaona die Fähigkeit besitze, bestimmte Krankheiten zu heilen, und Linderung zu schaffen vermöge bei »Juckreiz, heißem Fieber, schlechten Körpersäften, kaltem Fieber und Inkontinenz«, sowie helfe gegen »das Böse, das die Schlange zufügt«. Thraetaona wurde also als Krieger und als Arzt verehrt.

Keresaspa (Garschasp) tritt im *Avesta* als Angehöriger der Familie Sams auf. Im *Schahnameh* trägt der Vater Rostams den Namen Sam, aber zwischen dieser Figur und dem Helden aus dem *Avesta* scheint keine Beziehung zu bestehen. Im *Jascht* 13,136 wird Keresaspa beschrieben: er hat gelockte Haare, ist sehr stark und mit einer Keule bewaffnet:

> Dann ergriff der beherzte Keresaspa jene Gnade; er, der der stämmigste der starken Männer war und dem Zarathustra gleichkam an männlichem Mut.
>
> (*Jascht* 19,38)

Er bekämpft nicht nur die bösen Mächte, sondern tritt auch Drachen gegenüber. Ruhm erwirbt er vor allem, indem er dem gehörnten Drachen Sruvara nachstellt und ihn schließlich auch tötet. Es geschieht jedoch einmal, daß Keresaspa sich ein Mahl über einem Feuer zubereitet und nicht ahnt, daß der Drache unter der Pflanzendecke schläft, auf der er das Feuer entzündet hat. Das Ungeheuer wird von der Hitze aus dem Schlaf gerissen, erhebt sich, um fortzulaufen, und bewirkt dadurch, daß der Topf ins Feuer fällt. Die Verunreinigung des Feuers ist eine Sünde, und daher ist es Keresaspa nach seinem Tod nicht gestattet, das Paradies zu betreten, bis schließlich Zoroaster selbst ein Wort für ihn einlegt.

Die Dynastie der mythischen Paradata wurde von der der Kavi-Könige (Kijani im *Schahnameh*) abgelöst. Zu diesen Königen gehörten Kavi Vischtaspa, der Schirmherr Zoroasters, Kavi Usan und Kavi Haosravah (Kai Guschtasp, Kai Kavus und Kai Chosrau im *Schahnameh*). Das *Avesta* weist ihnen einen besonders ehrenvollen Rang zu: von allen heißt es, daß sie im Besitz der Göttlichen Gnade (*chvarnah*) seien. Nach dem Besitz dieser Gnade strebt aber

Silberschüssel mit der Darstellung einer Figur (vermutlich eines Königs), die in halb-
liegender Stellung an einem Bankett teilnimmt. Das üppige Haar ist in drei große
Büschel frisiert, die Kleidung reich verziert (parthisch, spätes 2. bis frühes 3. Jh.
n. Chr.)

auch ihr Hauptwidersacher, Franrasjan von Turja, dem Land, das
im Norden und im Osten an den Iran angrenzt und im *Avesta* zu
den fünf iranischen Bezirken gezählt wird. Späteren Legenden zufolge geht der Name Turja auf Tur, den Sohn des Thraetaona, zurück. Im *Schahnameh* wird erzählt, wie König Thraetaona (Faridun) sein Reich unter seinen drei Söhnen Iradsch, Salm und Tur
aufteilt. Im *Bundahischn* (XXXI,9) treten diese drei als ›Salm, Tug
und Airik, die Söhne Freduns‹ auf. Iradsch erhält den Hauptteil
des Reiches, den Iran, während Salm den westlichen und Tur den
östlichen Teil zugewiesen bekommt. Nachdem türkische Stämme
in die Gebiete im Osten des Kaspischen Meers vorgedrungen waren, kam es zu einer Verwechslung, und die alten Turianer des
Avesta und ihr Herrscher Franrasjan wurden mit den ›Türken‹
identifiziert. Tatsächlich besetzten iranisch sprechende Völker
Zentralasien schon lange vor dem vierten vorchristlichen Jahrhundert.

Der *Zamjad Jascht* enthält einen detaillierten Bericht über Franras-
jans Bemühungen, den iranischen Herrschern die Göttliche Gnade
zu entreißen.

> Er zog sich nackt aus, weil er jene Gnade an sich bringen wollte,
> die den arischen Nationen gehört, den geborenen und den un-
> geborenen, und dem heiligen Zarathustra [...]. Dann stürzte
> sich der überaus verschlagene Franrasjan von Turja hinunter in
> das Vourukascha-Meer, o Spitama Zarathustra [...].
>
> (*Jascht* 19,56.58)

Franrasjan ist nicht nur der große Gegner der Kavi, der iranischen
Könige, sondern symbolisiert ganz allgemein das Böse. Unablässig versucht er, die iranischen Könige zu Fall zu bringen, um sich
der Göttlichen Gnade zu bemächtigen. In seiner Bösartigkeit
ähnelt er einem Dämon:

> Der turanische Schurke Franrasjan versuchte, die Herrschaft
> über alle Karschvares [Länder] an sich zu bringen; um die sieben
> Karschvares eilte der Schurke Franrasjan herum und versuchte

sich der Gnade des Zarathustra zu bemächtigen. Aber jene Gnade zog sich in verborgene Buchten des Meeres zurück.

(*Jascht* 19,82)

Der Erzschurke wird schließlich von Kavi Haosravah vernichtet, der die brutale Ermordung seines Vaters Sijavarschan (Siavosch im *Schahnameh*) rächt. Ein großer Teil des *Schahnameh* ist dem Prinzen Siavosch gewidmet, unter anderem wird von seiner Hochzeit mit Afrasiabs Tochter Farangis erzählt und von seiner Ermordung durch Afrasiab und dessen Bruder Garsivas (Keresavazda im *Avesta*):

Ihr [der Göttin Drvaspa, die das Vieh schützt] bot der tapfere Husravah, er, der die arischen Nationen zu einem Königreich verschmolz, ein Opfer dar hinter dem Kaekasta-See, dem tiefen See mit dem salzigen Wasser, ein Opfer von einhundert Hengsten, eintausend Ochsen, zehntausend Lämmern und auch von Tränken: »Gewähr mir diese Gunst, o Gute, höchst wohlwollende Drvaspa! daß ich jenen turanischen Mörder Franrasjan töten möge hinter dem Kaekasta-See, dem tiefen See mit salzigem Wasser, um die Ermordung meines Vaters Syavarhana zu rächen [...].«

(*Jascht* 19,21 f.)

Das Buch der Könige: Firdausis *Schahnameh*

Das annähernd 50 000 Verspaare umfassende *Schahnameh* oder
Buch der Könige ist ein Epos des Dichters Firdausi, worin er die
Mythen und Legenden aus vor-islamischer Zeit wiedererzählt und
über die Geschichte des alten Iran berichtet. Firdausi, der in Tus
(Chorasan) geboren wurde und aus einer Familie von Landbesit-
zern (*dihkan*) stammte, vollendete sein Werk um 1010 n. Chr., das
heißt ungefähr 350 Jahre nach der Eroberung des Iran durch die
Araber. Das *Schahnameh*, das dem Sultan Mahmud aus der Dynastie der Ghaznaviden gewidmet war, wird nicht nur wegen seines
literarischen Wertes geschätzt, sondern auch weil es zahlreiche In-
formationen über die Traditionen, die Sitten und das Brauchtum
der Iraner vor ihrer Islamisierung enthält.

Welches waren Firdausis Quellen? Er selbst gibt an, daß er nicht
nur auf die mündliche Überlieferung zurückgriff, sondern Zugang zu schriftlichen Aufzeichnungen hatte. Zu letzteren zählte
auch ein ungefähr eintausend Verspaare umfassendes Textfrag-
ment des Dichters Dakiki, der gegen Ende des 10. Jahrhunderts
ermordet wurde, bevor er seine Fassung des *Buches der Könige* ab-
schließen konnte:

> Obwohl er nur sehr wenig in Reime faßte,
> Eintausend Verspaare voller Feste und Gefechte,
> War er mein Vorläufer und nur er,
> Denn er setzte die Schahs auf ihren Thron [...]
> Die Könige mit seinem Gesang zu preisen war seine Sache,
> Und die Prinzen mit seinen Lobliedern zu krönen.
>
> (V,1555)

Firdausi standen aber noch viele andere Quellen zur Verfügung, und er gibt immer sehr genau an, ob er die Geschichten, die er wiedererzählt, einer schriftlichen Quelle entnahm, oder ob er sie aus mündlicher Überlieferung kannte. In später sassanidischer Zeit, das heißt im 6. und 7. Jahrhundert n. Chr., war die mythologische Vergangenheit des Iran und seine frühe Geschichte auf offizielle Weisung hin in dem *Chvadaynamak* (*Chudaynameh*) aufgezeichnet worden, einem auf Pehlewi, also Mittelpersisch, verfaßten Epos, das nicht erhalten ist. Dieses Werk und andere auf mittelpersisch geschriebene Bücher wurden im 8. Jahrhundert ins Arabische übertragen und, nicht lange danach, auch ins Persische. Außer der persischen Übersetzung des *Chudaynameh* und anderer Pehlewi-Texte stellte für Firdausi das Prosa-*Schahnameh* des Abu Mansur, das *Schahnameh-ji Abu Mansuri*, eine wichtige Quelle dar. Bedauerlicherweise ist dieses um die Mitte des 10. Jahrhunderts entstandene Werk nicht erhalten, aber Firdausis Epos ist eine Art Vers-Version der Prosafassung. Sein Werk, mit dem er die persische Sprache wiederbelebte und gleichzeitig die mythologische Vergangenheit und frühe Geschichte des Iran festhielt, baut also auf einer langen mündlichen und schriftlichen Überlieferung auf.

Die frühen Mythen des *Schahnameh*

Das eigentliche Epos beginnt mit der Geschichte der Pischdadi-Dynastie, der Paradata des *Avesta*. Die erste mythologische Gestalt, von der berichtet wird, ist Kajumars (der erste Mensch, der Gajomartan oder Gajomard des *Avesta*). Im *Schahnameh* ist er ein Herrscher, der Thron und Krone einführt, der Herr der ganzen Welt. Er lebt in den Bergen und regiert über die Menschheit und alle anderen Geschöpfe, wilde wie auch zahme. Er ist in ein Leopardenfell gekleidet, ein Zeichen für seinen Mut und seine Männlichkeit. Kajumars symbolisiert die frühe Stufe der menschlichen Entwicklung: er ist ein Höhlenbewohner, der durch seinen Mut zum höchsten Herrscher aufsteigt. An seinem Hof werden die

Das Gemälde aus dem frühen 19. Jahrhundert zeigt Kajumars, den ersten Menschen und ersten Herrscher, der in ein Leopardenfell gekleidet war und in einer Höhle lebte. Abgesehen von den gefleckten Hosen (die auf das Leopardenfell hinweisen) ist seine Kleidung und auch sein juwelenbesetztes Schwert typisch für die Kadschar-Zeit

Menschen, die, auf der Suche nach geistigen Werten, von nah und fern herbeikommen, mit der Religion bekannt gemacht. Kajumars ist der vollkommene Herrscher, er ist im Besitz aller wesentlichen Symbole des Königtums, eines Thrones, einer Krone und eines Schlosses. Aber diese Vollkommenheit und Harmonie werden abrupt zerstört; ihn ereilt ein Schicksalsschlag. Wie in vielen Geschichten Firdausis ist das tragische Ereignis der Tod eines geliebten Sohnes – in diesem besonderen Fall wird der Sohn von einem Div, einem schwarzen Dämon, getötet.

Das *Schahnameh* erzält dann von einem anderen mythischen Herrscher, von Huschang (Haoschanha im *Avesta*), dem Enkel des Kajumars und Sohn des Siamak, des ›Königs der sieben Länder‹, der an der Entwicklung der Zivilisation auf der Erde beteiligt war. Huschangs Leistung bestand vor allem darin, daß er das Eisen vom Gestein trennte, womit er die Schmiedekunst begründete, daß er Waffen und Werkzeuge herzustellen und zu verwenden wußte und daß er das Land bewässerte und es bestellte, indem er

Illustration aus einer gekürzten Prosafassung des Schahnameh *aus Kaschmir (18. Jh.). Dargestellt ist Tahmuras, der Bezwinger der Dämonen, der zwei Divs empfängt, die ihn demütig anflehen, sie am Leben zu lassen*

Samenkörner aussäte. Auch erfand er das Feuer. Das heißt, daß man die Erfindung vieler wichtiger Techniken und Künste mit dieser frühen Periode in Zusammenhang brachte. Tahmuras (Tachma Urupi im *Avesta*), der Sohn Huschangs, wird als derjenige dargestellt, der den Dämonen erfolgreich entgegentritt, und nachdem er Ahriman (Augra Mainju) gefangengenommen hat, reitet er auf dem Rücken des Bösen um die Welt (im *Avesta* gibt es eine vergleichbare Geschichte; s. S. 41). Die Divs flehen Tahmuras um Gnade an und versprechen, ihn dafür in der Kunst des Lesens und Schreibens zu unterrichten.

> Die gefesselten und niedergeworfenen Gefangenen flehten um
>   ihr Leben.
> »Vernichte uns nicht«, sagten sie, »und wir werden Dir eine
>   neue und fruchtbare Kunst beibringen.«
>   (I,22)

Die Herrschaft Dschamschids

Die Regierungszeit von Dschamschid (Jima im *Avesta*) war eine Zeit, in der viele neue Erfindungen gemacht wurden, unter anderem deswegen, weil man ausgefeiltere Waffen für die Kriegführung benötigte. Um den Herrscher und das Reich vor äußeren Feinden zu schützen, schuf man eine Kriegerkaste, womit schon in einem frühen Stadium der gesellschaftlichen Entwicklung ein rigides Klassensystem begründet wurde. Aus dem Epos geht hervor, daß es auch eine Kaste von Priestern, von Landarbeitern, von Bauern und von Handwerkern gab. Jeder dieser Gruppen wurde eine bestimmte Aufgabe zugewiesen, und sogar die sogenannten ›unreinen Dämonen‹ hatten einen Auftrag: sie mußten Erde mit Wasser mischen und daraus Ziegel herstellen. Aus Steinen und Gips erbauten sie Bäder und monumentale Paläste.
In den Geschichten um Dschamschid, der vielleicht der berühmteste König der persischen Mythologie ist, wird ein neues und wichtiges Symbol für das Königtum eingeführt: *farr-i izadi*, die Göttli-

che Gnade. Durch sie erhielt er seinen prächtigen Thron, auf dem
er der strahlenden Sonne gleich saß. Um dieses Ereignis zu begehen, feierte man *Nau Ruz*, das Fest des ersten Tages des neuen Jah-
res. An diesem Tag versammelte sich die ganze Welt um den
Thron des Königs, huldigte dem Herrscher und feierte mit Wein,
Musik und Tanz. Heute begehen die Iraner, die Parsen (Anhänger
des zoroastrischen Glaubens in Indien) und die Angehörigen einiger Völker in Zentralasien dieses Fest am 21. Mai anläßlich der
Tagundnachtgleiche. Im Iran dauern diese Feierlichkeiten bis zu
dreizehn Tagen. Man ehrt mit ihnen den Beginn der Jahreszeit des
Wachstums; das Fest *Tschahar Schanbeh Suri*, das das Ende des
Winters bezeichnet, wird am letzten Mittwoch vor Nau Ruz begangen. Bei dieser Gelegenheit sammelt man trockene Äste,
Zweige von Wüstenbüschen oder -sträuchern, bindet sie zu sieben
Bündeln zusammen, die man auf der Straße oder auf dem Hof
auslegt und bei Sonnenuntergang in Brand setzt. Dann springt
man über das Feuer. Verbreitet ist auch der Brauch, während
dieser und der Nau-Ruz-Feierlichkeiten Reissamen (*isfand*) oder
Weihrauch (*kondor*) zu verbrennen, um den ›bösen Blick‹ und alle
gefährlichen Dämonen von sich abzuwenden.

Der Frieden und die Eintracht, die unter Dschamschids Regierung
dreihundert Jahre lang herrschen, werden – wie so oft im *Schahnameh* – durch menschliche Anmaßung zerstört. Dschamschid hört
auf, an eine höhere Macht zu glauben, und betrachtet sich selbst
als den einzigen und höchsten Herrscher. Als er dies verkündet,
versetzt er die Priester in Aufruhr und büßt bald die Göttliche
Gnade ein. Seine Armee fällt von ihm ab; die gesamte Welt wird
in Verwirrung gestürzt. Dadurch ist dem Bösen der Weg geöffnet:
dieses Böse manifestiert sich in der Gestalt Ahrimans, der die
Oberherrschaft über die Menschheit erlangt und damit eine lange
Periode der Ungerechtigkeit einleitet. Während dieser Zeit der
Finsternis schlüpft Ahriman in die Gestalt Sahhaks (Azhi Dahaka
im *Avesta*), der aus Unwissenheit und Gier dem Teufel seine Seele
verkauft.

Sahhak, der Herrscher mit den Schlangenschultern

Es ist interessant, daß Sahhak, der in die Falle geht, die der Teufel ihm stellt, im *Schahnameh* als Sohn eines angesehenen und ehrenhaften Mannes aus den Ebenen Arabiens eingeführt wird. Weil er in späteren zoroastrischen Texten wie dem *Bundahischn* mit Mesopotamien in Verbindung gebracht wird, glaubt man, daß das Ressentiment, das die Iraner gegenüber den Arabern empfanden, die ihr Land erobert hatten und es beherrschten, Firdausi dazu veranlaßt hat, ihn als Araber zu bezeichnen. Er stellt Sahhak zunächst als einen echten Helden dar, einen *pehlevan*, der genauso tapfer ist wie sein Vater, und die meiste Zeit seines Lebens auf dem Rücken

Illustration aus einer gekürzten Prosafassung des Schahnameh *aus Kaschmir (18. Jh.). Dargestellt ist der auf seinem Thron sitzende ›schlangenschultrige‹ Sahhak, der der Hinrichtung von König Dschamschid beiwohnt*

eines Pferdes verbracht hat. Aber jugendliche Unschuld treibt ihn in die Arme des Teufels, der es sich zunutze macht, daß Sahhak kein Bewußtsein für das Böse entwickelt hat. Der Teufel verkleidet sich als harmloser Besucher, und mit Hilfe seiner Überzeugungskraft und seiner Ausstrahlung gelingt es ihm, in dem jungen Mann ein Gefühl der Verehrung entstehen zu lassen. Sahhak schwört ihm schließlich Treue und erklärt sich – mit großem Widerstreben – bereit, seinen eigenen Vater zu ermorden.

Dieser ungesetzliche und schurkische Pakt mit dem Teufel bewirkt eine faszinierende Veränderung von Sahhaks Erscheinung. Als sein › Wohltäter‹ ihn umarmt, wachsen plötzlich zwei schwarze Schlangen aus seinen Schultern heraus. Er vermag die häßlichen Ungeheuer nicht zu beseitigen und muß sie überdies jeden Tag mit menschlichem Hirn füttern. Verzweifelt versucht er, die Schlangen zu töten, indem er ihnen die Köpfe abschneidet, aber den Monstern wachsen einfach neue Köpfe.

> Ein Wunder folgte – aus des Monarchen Schultern
> Wuchsen zwei schwarze Schlangen. Verzweifelt suchte er ein
> Mittel gegen sie
> Und schnitt sie am Ende ab, aber sie wuchsen
> Nach – o Wunder! – wie die Äste eines Baums. [...]
> Schließlich kam Iblis [der Teufel] selbst herbeigeeilt
> In Gestalt eines Arztes. »Dies war dein Schicksal«,
> Sagte er, »schneide die Schlangen nicht hinweg, sondern laß
> sie leben.
> Gib ihnen das Hirn von Menschen und nähre sie, bis sie
> eingeschlafen sind.«
>
> (I, 32 f.)

Dschamschid hat mittlerweile aufgrund seiner Anmaßung, selber ein Gott zu sein, seine königliche Macht, seine Krone und seinen Thron eingebüßt; als seine Untertanen sich auf die Suche nach einem neuen Herrscher begeben, werden sie Sahhak und dem Teufel in die Arme getrieben. Sahhak wird, obwohl er Araber ist, zum neuen König des Iran ernannt. Er heiratet zwei Töchter

Dschamschids, Scharnaz und Arnavaz (Savanghavak und Erenavak im *Avesta*); seine Herrschaft dauert eintausend Jahre, und
während dieser ganzen Zeit herrscht Finsternis im Land: täglich
werden junge Männer den Schlangen, die aus seinen Schultern
wachsen, zum Opfer gebracht.

> Sahhak saß eintausend Jahre auf dem Thron,
> Die ganze Welt gehorchte ihm. Während dieser langen Zeit
> Waren die Sitten der Weisen in Vergessenheit geraten [...].
> Jegliche Tugend wurde verachtet, die schwarze Kunst höchst
>   geschätzt,
> Das Recht unterlag der Nacht, Unglück triumphierte.
>
>   (I,35)

Allmählich machte sich Unzufriedenheit unter der Bevölkerung
breit, bis schließlich eine Gruppe von Adeligen einen Aufstand
plante. Ihr Ziel war es, die Krone des Iran einem königlichen Prinzen aus dem Hause Dschamschids anzubieten. Der Anführer dieser Adeligen war Kaveh, ein Schmied, der achtzehn Söhne an Sahhak verloren hatte.

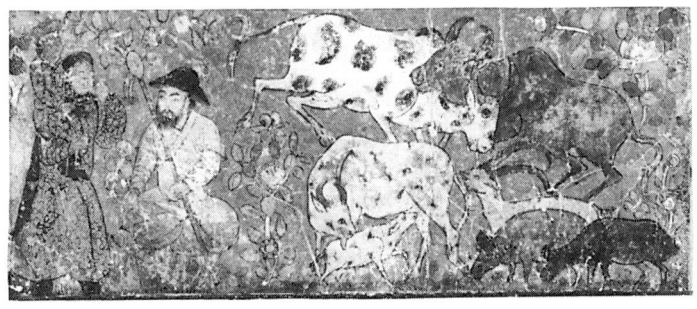

Illustration aus einer Handschrift des Schahnameh *aus dem 14. Jahrhundert: Faridun,
der Sohn des Abtin, wird von seiner Mutter, die ihn vor dem bösen Sahhak retten will,
auf den Schultern in das Alburs-Gebirge getragen und dort einem Hirten anvertraut*

Der Triumph des Guten über das Böse

Wie viele andere Gestalten des *Schahnameh* sieht Sahhak seinen
eigenen Tod in einem Traum voraus. In diesem Traum erscheint
ihm ein königlicher Sproß, der so hochgewachsen wie eine Zypresse ist und eine Keule mit einem Stierhaupt in der Hand trägt.
Dieser junge Mann nimmt ihn gefangen, fesselt ihn und wirft ihn
in einen Brunnen. Von einem seiner Priester hört Sahhak, daß dieser Traum sich tatsächlich erfüllen werde; ein Held mit Namen Faridun (Thraetaona im *Avesta*), dessen Haupt den Mond berühre,
werde nach den königlichen Insignien trachten: dem Gürtel, der
Krone, dem Thron und der Tiara. Firdausi beschreibt dann in allen Einzelheiten die Geburt Fariduns; er erzählt, wie das Neugeborene von einer Kuh gesäugt wird, und hebt besonders seine kör-
perliche Stärke hervor. Die Angst, daß Sahhak sie finden könnte,
veranlaßt Fariduns Mutter, mit ihrem Kind ins Alburs-Gebirge zu
fliehen und dort Zuflucht zu suchen. Als Kaveh glaubt, daß der
Tag für den Aufstand gegen Sahhak gekommen sei, führt er seine
Männer zunächst zu Fariduns Versteck in den Bergen. Um einen
Speerschaft gerollt trägt er das königliche Banner, das *darafsch-i ka-
viani*, ein Ledertuch, mit dem der Schmied ursprünglich bei der
Arbeit seine Beine bedeckt hatte. Im *Schahnameh* heißt es, daß seit
jenem Tag das Banner jedesmal, wenn ein neuer König erwählt
wird, mit neuen Juwelen bedeckt wird.

> Seit jener Zeit geschah es, daß jeder Schah,
> Wenn er den Thron bestieg und sich die Krone aufsetzte,
> Die wertlose Schürze des Schmieds
> Mit noch mehr Juwelen verzierte, mit üppigem Brokat
> Und bemaltem Seidentuch aus Dschin [China].

(I, 48)

Bevor er zu seinem Feldzug aufbricht, befiehlt Faridun dem
Schmied, daß er ihm eine Keule herstelle, die wie der Kopf eines
Stiers geformt ist. Mit Faridun an der Spitze und dem Schmied,
der das königliche Banner trägt, zieht die Armee nach Mesopotamien, wo sie den *Arvand Rud*, den Tigris, überqueren muß. Der
Kampf zwischen Gut und Böse endet schließlich mit dem Sieg Fariduns, der auf den Rat eines Engels hin den gefesselten Teufel in
die Berge bringt und den Besiegten, dem das Blut aus dem Herzen
schießt, dort zurückläßt. Faridun regiert fünfhundert Jahre lang; es
ist eine Zeit des Wohlergehens, und unter seinen Untertanen herrschen Frieden und Eintracht.

Illustration aus einer gekürzten Prosafassung des Schahnameh *aus Kaschmir
(18. Jh.): Faridun erhebt seine Keule mit dem Stierhaupt und schlägt sie Sahhak auf
den Kopf*

Die Aufteilung von Fariduns Reich und ihre Folgen

Wie es so oft im *Schahnameh* geschieht, zeigt sich nach einer Periode der Harmonie wieder das Böse: Faridun teilt sein Königreich unter seinen drei Söhnen auf, und diese werden von Neid aufeinander verzehrt. Zwei der Brüder, Salm und Tur, sind Söhne von Dschamschids Tochter Scharnaz; deren Schwester Arnavaz ist die Mutter von Iradsch. Faridun gibt dem ältesten, Salm, den westlichen Teil seines Reiches, und an den zweitältesten, Tur, geht Zentralasien (Turan). Aber den wichtigsten Teil des Landes, den Iran, und den goldenen Thron Fariduns erhält ihr Halbbruder Iradsch, der zwar der jüngste, aber, wie sich gezeigt hat, auch der klügste und tapferste von den dreien ist.

Bald kann Salm seine Unzufriedenheit und seine Wut über die Aufteilung des Reiches nicht mehr unterdrücken; zusammen mit Tur tötet er Iradsch. Die Ermordung des einen Bruders durch die beiden anderen bedeutet den erneuten Triumph des Bösen über das Gute. Gleichzeitig wird damit eine wichtige Epoche in der persischen Mythologie eingeleitet: die der ständigen Auseinandersetzungen zwischen den Königreichen des Iran und von Turan (Airja und Turja im *Avesta*). Im *Buch der Könige* beginnt damit der ›heroische Abschnitt‹, der von den Helden und ihren Taten handelt.

Die Feindschaft und die Rivalität zwischen den beiden Reichen führen zu zahlreichen Schlachten, die im *Schahnameh* beschrieben werden; beide Parteien bringen eine große Zahl von berühmten Helden hervor, den Iranern gelingt es aber, den Angriffen und Intrigen der Turanier und ihres Königs Afrasiab (Franrasjan im *Avesta*) standzuhalten. Der größte Held aller Zeiten, Rostam, verbringt sein ganzes Leben damit, gegen den König von Turan zu kämpfen und die Grenzen des Iran zu schützen, wie es schon sein Vater Zal und sein Großvater Sam getan hatten. Zal begleitet Manuschir auf dem Feldzug, den dieser gegen Tur unternimmt, um die Ermordung seines Großvaters zu rächen. Firdausi erzählt, wie Fariduns Tod beklagt wird und schildert in allen Einzelheiten die Begräbnisriten: der Leichnam des verstorbenen Königs wird mit

Gaben von rotem Gold und Lapislazuli zur letzten Ruhe gebettet. Man setzt den Körper auf einen elfenbeinernen Thron und befestigt eine Krone am Schädel des Toten; dann wird der Zugang zu der Grabstätte versiegelt. Manuschir wird der Nachfolger seines Urgroßvaters Faridun und trägt nun die königliche Tiara, *kolah*, auf seinem Haupt.

Die Sippe Rostams

Rostam, der Sohn von Zal und Enkel von Sam, tritt zu einer Zeit in den Vordergrund, da der Iran und Turan in einem ständigen Zwist um die Oberherrschaft über das Land und die Krone liegen. Alle Helden, die auf iranischer Seite kämpfen, werden als tapfer und tugendhaft beschrieben und sind dem König der Könige zutiefst verbunden, das heißt, sie sind nicht nur bereit, ihr eigenes Leben für ihn aufs Spiel zu setzen, sondern auch die, die ihnen am nächsten stehen, für ihn zu opfern. Dies trifft in besonderer Weise für Rostam zu, wie uns in der Legende um seinen Sohn Sohrab vor Augen geführt wird. Obwohl Rostams Großvater, Sam, und dessen Vater, Nariman, in späteren zoroastrischen Texten mit dem legendären Keresaspa (Garschasp) in Verbindung gebracht werden, kommen weder Rostam noch sein Sohn Sohrab im *Avesta* vor. Es scheint so, daß die alten Rostam-Legenden nicht zu der Gruppe von Geschichten gehörten, die in den *Avesta* aufgenommen wurden, sondern Teil eines eigenständigen Zyklus waren. Rostam und seine Vorfahren werden im *Schahnameh* als Könige von Sistan im östlichen Iran bezeichnet, und Rostam wird oft Sagzi (Sake) genannt. Einige Wissenschaftler sind der Ansicht, daß die Figur Rostams auf die parthische Periode zurückgeht, genauer auf jene Zeit im 1. Jahrhundert n. Chr., als die indo-skythischen Könige im östlichen Iran ein eigenes Reich begründeten. Welches auch immer seine historische Stellung und seine Herkunft gewesen sein mögen, er wurde zu einem der größten Helden der persischen Mythologie, zu einer Gestalt, die große physische Stärke, Reinheit des Denkens und Treue gegenüber seinem Land verkörperte.

Über Rostams Vater Zal wird im *Schahnameh* in allen Einzelheiten berichtet. Seine Geburt und Erziehung werden mit dem legendären Schutzvogel Simurgh in Zusammenhang gebracht, der später auch in Rostams Leben eine bedeutende Rolle spielt: mehr als einmal kommt er dem Helden in einer bedrohlichen Lage zu Hilfe. Zals Eltern hatten lange vergeblich auf ein Kind gehofft, aber die Freude seines Vaters über die Geburt eines Sohnes verwandelt sich in Kummer und völlige Ratlosigkeit, als er diesen zum ersten Mal erblickt. Der Körper des Jungen ist lauter wie Silber und sein Antlitz schön wie das Paradies, aber sein Haar weiß wie das eines Greises. Sam ist so bekümmert über das ungewöhnliche Aussehen seines Nachkommens, daß er an der ganzen Welt verzweifelt. In einem leidenschaftlichen Monolog fordert er von Gott eine Erklärung dafür, daß er gestraft wurde mit »dem Sohn von Ahriman, mit seinen schwarzen Augen und Haaren [von der Farbe] von Jasminblüten. Wenn Helden herbeikommen und nach diesem mit einem solch verhängnisvollen Zeichen geborenen Kind fragen, werde ich den Iran vor Scham verlassen müssen. Was soll ich ihnen sagen? Daß dies das Kind eines Dämons ist, eines zweifarbigen Leoparden oder eines übernatürlichen Wesens, eines Feengeschöpfs?«

Sam setzt seinen Sohn schließlich im Alburs-Gebirge aus, das »der Sonne nahe und den Menschen fern« ist; er läßt dort den »unschuldigen Nachkommen eines Helden, der den Unterschied zwischen weiß und schwarz noch nicht einmal kannte«, allein zurück. Aber wie es in mythologischen Texten so oft geschieht – das Kind überlebt, weil Gott der Allmächtige eingreift: er sorgt dafür, daß Simurgh es entdeckt, als sie über die Berge, ihr Königreich, hinwegfliegt, um nach Nahrung für ihre Brut zu suchen. Sie ergreift das ausgesetzte Kind, um mit ihm ihre Jungen zu füttern, aber eine Stimme sagt ihr, daß sie sich »um dieses noch nicht der Brust entwöhnte Kind kümmern soll, da ein Mann aus diesem Samen wachsen wird«. So wächst also Zal bei Simurgh und ihren Jungen auf. Nach einiger Zeit wird an Sams Hof bekannt, daß ein wie eine Zypresse gewachsener Jüngling in den Bergen lebt, und als Sam seinen Weisen von einem Traum

Illustration aus einer gekürzten Prosafassung des Schahnameh *aus Kaschmir (18. Jh.): Der mythische Vogel Simurgh trägt den neugeborenen Zal in sein Nest im Alburs-Gebirge. Dargestellt sind auch Simurghs Junge, die auf die Rückkehr der Mutter warten*

erzählt, worin ein Reiter ihm die frohe Nachricht überbringt, daß sein Sohn am Leben ist, drängen sie ihn, auszuziehen und nach dem Kind mit dem weißen Haar und hellhäutigen Körper zu suchen.

Hoch oben in den Bergen fleht Sam Gott an, ihm zu verzeihen und ihm das Kind, das er ausgesetzt hat, zurückzugeben. Er erkennt jetzt an, daß sein Kind »nicht vom Samen jenes Ahriman von böser Abstammung« gezeugt wurde. Simurgh, die ihn von oben beobachtet, weiß sofort, warum Sam in die Berge gekommen ist. Sie dringt in Zal, er solle zu seinem Vater zurückkehren; ihr Nest sei nicht länger der angemessene Aufenthaltsort für den Abkömmling der größten aller Helden, den Sohn, der eines Tages seinem Vater als König nachfolgen werde. Aber bevor sie den betrübten jungen Helden seinem Vater übergibt, schenkt Simurgh ihm eine ihrer Federn: in Zeiten von Gefahr oder Bedrängnis soll er diese anzünden, und sie wird auf dieses Zeichen hin sofort zu ihm eilen.

> [...] wenn Menschen
> Dich verletzen oder, zu Recht oder zu Unrecht, sich gegen
> dich wenden,
> Dann verbrenne diese Feder und erkenne meine Macht,
> Denn ich habe dich unter meinem Gefieder gehegt
> Und dich zusammen mit meinen Jungen aufgezogen.

(I, 139)

Zal kehrt an den Hof seines Vaters in Sabulistan (Sistan) zurück. Später begegnet er Rudabeh, der Tochter des Königs von Kabul, und nimmt sie zur Frau. Der Sohn, der ihnen geboren wird, ist Rostam, der größte aller Helden. Firdausi berichtet, daß Rudabeh über ihren Vater, Mihrab von Kabul, mit Sahhak, dem Mann, der den iranischen Thron usurpiert hat, verwandt ist.

Die Geschichten von Rostam

Es dauert nicht lange, bis Zal Simurghs Zauberkräfte in Anspruch nimmt. Als Rudabeh in den Wehen liegt, verbrennt er die Feder, um seine Frau von ihren unerträglichen Schmerzen zu erlösen. Der Zaubervogel erscheint sofort aus einem dunklen Himmel und tröstet Zal, indem er ihm verkündet, er werde bald Vater eines Sohnes sein, »hochgewachsen wie eine Zypresse und von der Stärke eines Elefanten«. Das Kind werde aber nicht auf gewöhnliche Weise geboren, sondern durch einen Kaiserschnitt zur Welt kommen. So geschieht es auch. Die Mutter erholt sich völlig von der Operation, mit Hilfe von Tränken, die Simurgh ihr verschreibt, und indem sie mit der Zauberfeder über ihre Wunde streicht. Der Neugeborene wird Rostam genannt; es heißt, daß man ihn, als er erst einen Tag alt war, schon für einen Einjährigen halten konnte. Er wächst zu einem löwengleichen Mann her-

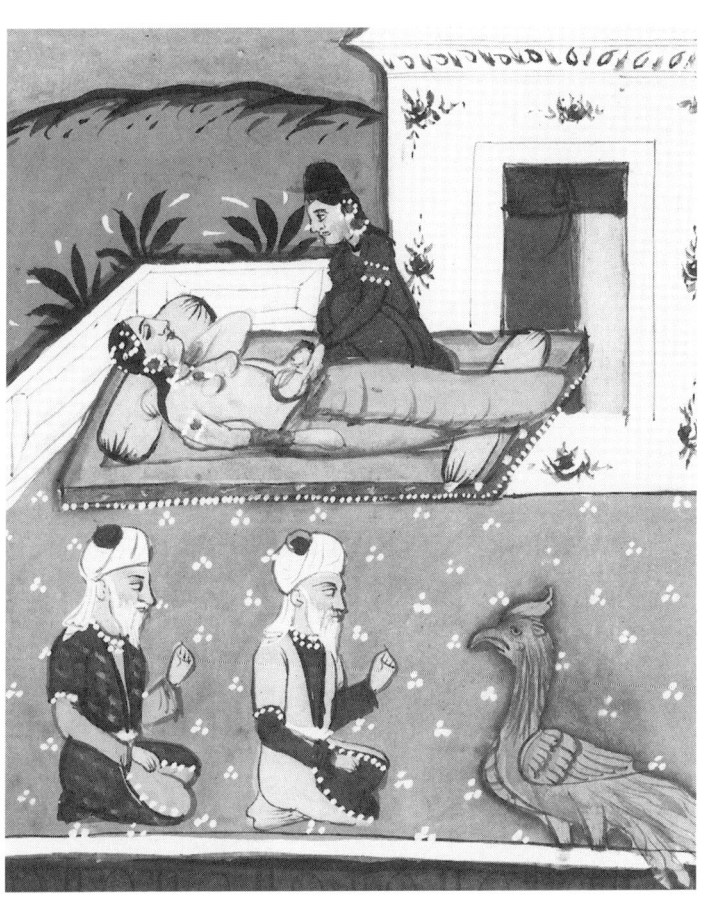

Illustration aus einer gekürzten Prosafassung des Schahnameh *aus Kaschmir (18. Jh.). Thema ist die Geburt Rostams. Sinducht tröstet ihre in den Wehen liegende Tochter Rudabeh, während Zal und Mihran, der König von Kabul, dem Vogel Simurgh lauschen, der ihnen rät, das Kind mit einem Kaiserschnitt auf die Welt zu bringen*

an, der über eine solche Kraft verfügt und eine solche Statur besitzt, daß er ohne zu zögern einem wütenden Elefanten entgegentreten und ihn mit einem Schlag seiner Keule töten kann. Rostam begeht viele heldenhafte Taten und besteht viele Kämpfe; sein eigener Mut und seine Kräfte werden durch den gleichermaßen hohen Mut seines außergewöhnlichen Pferdes Rachsch noch gefestigt und verstärkt. Zusammen bestehen die beiden eine Reihe von Abenteuern; unter anderem vollbringen sie ›die sieben heldenhaften Taten‹: sie kämpfen mit Erfolg gegen einen Löwen, durchqueren eine Wüste, in der es kein Wasser gibt, treten einem Drachen entgegen, töten eine Hexe und schließlich auch mehrere Divs, unter denen sich der große weiße Dämon befindet, der Kai Kavus (Kavi Usan im *Avesta*), den König der Könige, gefangengesetzt hat. An der Spitze eines Heeres von anderen Helden stellen Rostam und Rachsch die Macht des Königs wieder her, und Kai Kavus kann erneut im Triumph in den Iran einziehen.

Während dieser Zeit halten die Feindseligkeiten zwischen dem Iran und Turan an; Afrasiab, der König von Turan, nimmt jede Gelegenheit wahr, das Nachbarland anzugreifen. Aufgrund der Tapferkeit Rostams, des ›Helden der Welt‹, und der Hingabe, mit der er dem König der Könige dient, kann die iranische Armee jedoch zumeist diese Angriffe zurückschlagen. Gerade seine bedingungslose Hingabe an den Iran und den König der Könige läßt Rostam jedoch schließlich in mehrere Fallen tappen, die Afrasiab ihm stellt. Er wird sogar dazu gebracht, seinen eigenen Sohn zu ermorden, der ausgezogen ist, ihn zu entthronen.

Als er sich unweit der Ebenen von Turan auf der Jagd befindet, sinkt Rostam einmal in tiefen Schlaf, und Rachsch kommt ihm abhanden. Auf der Suche nach seinem Pferd gelangt er zu der Stadt Samangan, die im Feindesland liegt. Der dort regierende König nimmt ihn auf und verspricht ihm, Rachsch ausfindig zu machen. Rostam lernt Tahmineh kennen, die wunderschöne Tochter des Königs, die sich in ihn verliebt hat, nachdem sie von seinen vielen Ruhmestaten gehört hat. Rostam heiratet Tahmineh, ein Ereignis, das von dem König und den Einwohnern von Samangan mit gro-

Seite aus einer Handschrift des Schahnameh *aus dem 16. Jahrhundert. Die Illustration zeigt, wie Rostam, ›der Sohn eines Löwen‹, einen weißen Elefanten angreift und ihm mit seiner stierköpfigen Keule den Schädel zertrümmert*

Illustration aus einer Handschrift des Schahnameh *von 1649. Rostam kniet vor dem sterbenden Sohrab und zerreißt sich vor Kummer sein Gewand; er hat gerade das Amulett am Arm seines Gegners entdeckt und erkannt, daß dieser sein Sohn ist. Im Vordergrund liegen Rostams Leopardenhaube, seine stierköpfige Keule, sein Schwert und sein Schild. Diener halten die Pferde der beiden Helden*

ßer Freude begrüßt wird. Bevor er sich wieder auf den Weg in den
Iran macht, übergibt Rostam seiner Frau sein weltberühmtes
Amulett, einen Reif mit einem Siegel, den er um den Arm trägt.
Dieser Glücksbringer soll ihrem zukünftigen Kind gehören: wenn
es ein Mädchen sein wird, soll es den Reif im Haar tragen, ist es
ein Junge, soll er ihn wie sein Vater um den Arm tragen.
Neun Monate später bringt Tahmineh einen Sohn zur Welt, der
aussieht wie »ein glänzender Mond«, und »von dem man hätte
sagen können, er sei wie der elefantengestaltige Rostam oder der
löwengleiche Sam«. Der Junge wird von seiner Mutter Sohrab genannt, und nach einem Monat wirkt er schon wie ein ein Jahr altes
Kind. Als er drei ist, lernt er, wie man mit Waffen umgeht, und
als er zehn Jahre vollendet hat, gibt es keinen, der ihm standhalten
könnte. Er merkt bald, daß er anders ist als die anderen Kinder
und seinem Alter weit voraus, und als er die Mutter fragt, wer
sein Vater sei, erwidert sie ihm, er sei der Sohn Rostams. Dies veranlaßt Sohrab nicht nur dazu, sich auf die Suche nach seinem Vater
zu begeben, sondern auch, sich von Turan abzuwenden. Er will
Kai Kavus als König der Könige des Irans absetzen und an seiner
Stelle seinen eigenen Vater auf den Thron setzen. Die Nachricht
vom Aufbruch Sohrabs erreicht bald den übelmeinenden Afrasiab, der sofort einen Plan ersinnt, wie man verhindern kann, daß
Sohrab seinem Vater begegnet und ihn kennenlernt, und wie sich
zugleich Sohrabs Identität vor Rostam verbergen läßt, so daß beide sich als Feinde gegenübertreten würden. Ein solcher Kampf
zwischen Vater und Sohn, bei dem weder der eine noch der andere
wüßte, wen er vor sich hätte, würde vermutlich damit enden, daß
Rostam von Sohrab erschlagen würde. Dieser hinterhältige Plan
wird in die Tat umgesetzt: wie Schachfiguren werden Rostam
und Sohrab gegeneinandergeführt. Das tragische Element der
Geschichte wird dadurch verstärkt, daß Sohrab der Verdacht
kommt, es könnte sich bei seinem Gegner um seinen Vater handeln, dieser jedoch, von Sohrab nach seinem Namen gefragt, seine
Identität nicht preisgibt. Sohrab versucht daraufhin, bei den Tura-
niern Erkundigungen einzuziehen, aber auf Afrasiabs Weisung hin
verschweigen diese ihm ebenfalls, wer sein Gegner in Wirklichkeit

ist. Erst bei ihrer letzten Begegnung auf dem Schlachtfeld, als Rostam seinem Sohn einen todbringenden Hieb versetzt und er das
Amulett am Arm des Sterbenden erkennt, begreift er, daß er seinen eigenen Sohn getötet hat:

> [...] Die beiden begannen
> Zu ringen und hielten sich bei ihren ledernen Gürteln.
> Was Sohrab betraf, hätte man sagen können: »Der hohe
> Himmel
> Hat ihn behindert«, während Rostam, die Hände
> ausstreckend,
> Den Leoparden-Krieger am Kopf und Nacken ergriff,
> Den Körper des tapferen Jünglings zur Erde beugte,
> Dessen Zeit gekommen war und den alle Kraft verlassen
> hatte,
> Und wie ein Löwe ihn zu Boden schleuderte;
> Wissend, daß Sohrab nicht so liegenbleiben würde,
> Nahm er dann sein scharfes Schwert von seiner Seite
> Und zerfetzte die Brust seines heldenhaften Sohnes.
>
> (II, 502 f.)

Während Rostams sehr langer Lebenszeit – viele Herrscher folgen einander in dieser Zeit auf den Thron – ereignet sich eine
weitere tragische Geschichte; auch über diese, die Ermordung
von Siavosch (Sijavarschan im *Avesta*), wird im *Schahnameh* berichtet.

Siavosch ist der Sohn von Kai Kavus und einer Prinzessin, die von
Faridun und der turanischen Königsfamilie abstammt. Als kleines
Kind wird er der Obhut Rostams übergeben, der ihn in allen königlichen Künsten unterrichtet. Als er zu einem stattlichen Mann
herangewachsen ist, verliebt sich Sudabeh, eine der Gemahlinnen
seines Vaters, in ihn. Da er ihren Verführungskünsten widersteht
und sich nicht dazu verleiten läßt, seinen Vater zu hintergehen, be-
zichtigt sie ihn bei ihrem Gemahl des Verrats und behauptet, der
junge Mann habe ihr seine Liebe gestanden. Kai Kavus, der Sudabeh zunächst Glauben schenkt, vergibt seinem einzigen Sohn in-

dessen, als dieser seine Unschuld unter Beweis stellt, indem er in weiße Gewänder gekleidet auf einem schwarzen Pferd durch ein Feuer reitet. Ein solcher Gang durch das Feuer war ein altes, vermutlich schon in vor-zoroastrischer Zeit übliches Verfahren, seine Unschuld zu beweisen.

Siavosch zieht dann an den Hof von Afrasiab, wo er sich in Farangis, die Tochter des Königs, verliebt; er heiratet sie und läßt sich mit ihr in der Stadt nieder, die nach ihm benannt ist: Siavoschgird. Afrasiabs Bruder Garsivas, der von Neid auf Siavosch erfüllt ist, gelingt es, den König gegen den jungen Prinzen aus dem Iran aufzubringen. Siavosch wird auf brutale Weise ermordet: ihm wird »wie einem Schaf« das Haupt abgeschnitten. Jahre später kehrt Siavoschs Sohn Kai Chosrau (Kavi Haosravah im *Avesta*) aus Turan in den Iran zurück. Nachdem er seinen Rivalen und Halbbruder Faribus bezwungen hat, wird er als der rechtmäßige Nachfolger seines Großvaters Kai Kavus anerkannt und zum König ernannt. Sowohl Garsivas als auch Afrasiab werden von Kai Chosrau getötet.

Rostams Sieg über den großen Helden Isfandiar hat die tragischen

Illustration aus einer Handschrift des Schahnameh *aus dem 14. Jahrhundert. Rostam erschießt Schaghad, während Rachsch in der todbringenden Grube liegt*

Folgen, die Simurgh für diesen Fall vorausgesagt hat: Rostam selbst wird von seinem Halbbruder Schaghad und dem König von Sabulistan getötet: sie lassen ihn mitsamt seinem Pferd Rachsch in eine Grube stürzen, deren Boden sie mit Messern und Dolchen bestückt haben. Bevor er stirbt, gelingt es Rostam jedoch noch, sich aus der Grube herauszuziehen und Schaghad mit einem Pfeil zu durchbohren, der ihn an einen Baumstamm heftet.

Fabelwesen im *Schahnameh*

Böse Wesen in Gestalt von Dämonen oder Divs treten im gesamten *Schahnameh* Seite an Seite mit Königen und Helden auf. Firdausi zufolge sind Dämonen schlechte Menschen, die sich Gott gegenüber nicht dankbar gezeigt haben. Oft werden sie als Personifikationen von Ahriman, dem Teufel, dargestellt; ihr Ursprung jedoch ist ein anderer: sie verkörperten eine Gruppe von feindlichen Königen, die aus den Gebieten von ›Mazandaran‹ und ›Tabaristan‹ stammten. Es ist nicht ganz sicher, welche geographischen Gegenden damit gemeint sind; das Gebiet südlich des Kaspischen Meeres ist heute im Iran als Mazanderan bekannt, aber einige Wissenschaftler sind der Ansicht, daß die alte Region dieses Namens woanders lag und der Name erst später auf den nördlichen Iran übertragen wurde. Personen und Ortsnamen zeigen jedoch, daß die Divs im nördlichen Iran eine gewisse Bedeutung haben; man weiß, daß ein Stamm mit Namen *Div* im 16. Jahrhundert in der heute als Mazanderan bekannten Region zu Hause war.

Der Kampf mit den Divs geht auf die Regierungszeit der ersten beiden mythischen Könige zurück. Siamak, der Sohn von Kajumars, dem Begründer der Pischdadi-Dynastie, wird von dem Schwarzen Dämon, dem Sohn Ahrimans, getötet. Huschang, Siamaks Sohn, tritt zum Kampf gegen den Schwarzen Dämon an und rächt den Mord an seinem Vater; er tritt dem Dämon mit einer Armee entgegen, die sich aus Feen, Leoparden, Tigern, Löwen, Wölfen und Vögeln zusammensetzt. Er tötet den Dämon, indem er ihm die Kehle durchschneidet. Wie schon dargestellt

Das Gemälde aus dem 19. Jahrhundert zeigt Rostam, wie er den Schwarzen Dämon mit dem ›häßlichen Antlitz‹ angreift. Der Held trägt seine Leopardenhaube; er bindet die Arme des Dämons mit seinem Lasso zusammen

(s. S. 53), fordert auch Huschangs Sohn Tahmuras die Dämonen zum Kampf und geht als Sieger aus der Auseinandersetzung hervor: er reitet auf Ahrimans Rücken um die Welt. Während seiner Herrschaftszeit werden die Divs so vernichtend geschlagen, daß sie um Gnade flehen müssen.

Die Helden des *Schahnameh* müssen gewöhnlich ihren Mut und ihre Stärke sowie ihre uneingeschränkte Loyalität gegenüber dem König der Könige unter Beweis stellen, indem sie gegen Divs, Drachen, Wölfe und Ungeheuer in den verschiedensten Erscheinungsformen kämpfen. Es gibt aber auch Geschichten von freundlichen und wohlwollenden übernatürlichen Lebewesen, die den Helden beistehen oder sie retten. Zu diesen gehören Simurgh, der legendäre Vogel, und Rachsch, das Pferd Rostams.

Rachsch

Rachsch wird schon gegen Anfang des *Schahnameh* erstmals erwähnt. Bevor er zu einem größeren Feldzug in die Berge aufbricht, um Kai Kubad, den König der Könige, zu retten, sucht Rostam all die Herden seines heimatlichen Sabulistan nach einem geeigneten Pferd ab, aber keines von den Tieren, das er prüft, indem er ihm die Hand auf den Rücken preßt, vermag die Last zu tragen: der Bauch sackt ihm bis auf den Boden. Da erblickt Rostam plötzlich eine Stute, die einem Löwen ähnelt und deren Ohren wie Dolche emporstehen. Sie bewegt sich mit kurzen, schnellen Schritten, und ihr folgt ein Fohlen, das der Mutter im Körperbau gleicht, mit schwarzen Augen, einem langen Schwanz und Hufen wie Stahl. Auf seinem hellen Körper hat es rote Flecken, die wie die Sonne am Himmel strahlen. Es ist hochgewachsen wie ein Kamel und so stark wie ein indischer Elefant. Rostam will gerade sein Lasso werfen, um das Fohlen einzufangen, als der Hüter der Herde ihn mahnt, er solle sich nicht das Pferd eines anderen Mannes aneignen. Als Rostam fragt, wer der Eigentümer des Tieres sei, antwortet der Hirte, er wisse es nicht, das Fohlen werde jedoch ›Rostams Rachsch‹ genannt.

Illustration aus einer gekürzten Prosafassung des Schahnameh *aus Kaschmir (18. Jh.). Sie zeigt Rostam, der mit seinem ›königlichen Lasso‹ Rachsch einfängt*

Rostam wirft ihm daraufhin sein königliches Lasso über den Kopf und wird unverzüglich von Rachschs Mutter angegriffen. Rostam scheucht die Stute weg, indem er wie ein Löwe brüllt. Als er Rachsch schließlich in seine Gewalt gebracht hat und versucht, ihm den Rücken mit einer Hand hinunterzudrücken, rührt sich das Pferd nicht: den ungeheuren Druck, der auf seinem Körper lastet, spürt es überhaupt nicht. Nachdem er Rachsch einmal geritten hat, erkundigt sich Rostam bei dem alten Hirten nach dem Preis des Pferdes. Er erfährt, daß es soviel kostet, wie der ganze Iran wert ist: wenn er Rostam sei, solle er sich aufmachen, den Iran von seinen Feinden zu befreien und die Sorge von dem Land zu nehmen. Rachsch bleibt Rostams treuer Diener und Gefährte, bis beide schließlich von Rostams Halbbruder getötet werden.

Rachschs außerordentliche Klugheit und Treue werden vor allem bei Gelegenheit der *haft chan,* der sieben Abenteuer oder Heldentaten Rostams, offenbar. Um die Bedeutung dieses prächtigen Pferdes zu betonen, nennt Firdausi es liebevoll – in Anlehnung an Titel wie ›König der Könige‹ und ›Held der Helden‹ – ›Rachsch-i Rach-

تر اجلنا بانير کو نیشت ه | من این کزروایِن سنتر جنگری | چکونه کشیدهٔ بابا نیز رو | من این کزروای من باغرو اوبی

کسی لشکر گران زمین دکرلن | فردوسی قوا معین سپیدی | برم چون زخواب نوش پیری که | برا ما هی بوی من باغرو من

Illustration aus einer Handschrift des Schahnameh aus dem 16. Jahrhundert. Thema ist das erste der ›sieben Abenteuer‹ Rostams. Man sieht Rachsch, der einen Löwen tötet. Rostam, der seine Leopardenhaube trägt, hat den Kopf auf ein Leopardenfell gebettet. Sein Bogen, sein Köcher und seine stierköpfige Keule liegen neben ihm. Von Rostam heißt es gewöhnlich, daß er in einen babr-i bajan oder palangineh, einen aus Leopardenfell gefertigten Mantel, gekleidet ist schan‹, ›Rachsch aller Rachsche‹. Bei dem ersten Abenteuer legt Rostam sein Schwert ab, um sich im Schilf auszuruhen, und bemerkt nicht, daß sich ein Löwe anpirscht. »Aufbrausend wie Feuer« greift Rachsch das Raubtier mit seinen Vorderbeinen an und beißt ihm in den Rücken. Als Rostam erwacht und die tote Bestie sieht, tadelt er sein Pferd, weil es im Kampf sein Leben aufs Spiel gesetzt hat: wenn Rachsch getötet worden wäre, hätte er keine Möglichkeit mehr gehabt, nach Mazandaran zu gelangen.

In der dritten der sieben Episoden zieht Rostam sich – nach einem erschöpfenden zweiten Abenteuer, bei dem er und Rachsch beinahe in der Wüste verdurstet wären – zum Schlafen zurück. Bevor er sich niederlegt, warnt er sein Pferd, daß es nicht mit Löwen oder Drachen kämpfen solle. Bald darauf erscheint ein riesiger Drache, der vom Kopf bis zum Schwanz 80 *gaz* (ungefähr 80 Meter) mißt. Rachsch versucht verzweifelt seinen Herren zu wecken, indem er mit den Hufen auf den Boden schlägt; doch als Rostam die Augen öffnet, verschwindet der Drache, und der Held tadelt das treue Tier, weil es ihn gestört hat. Der Drache setzt dieses Spiel fort: jedesmal, wenn Rostam von Rachsch geweckt wird, sieht er nur völlige Dunkelheit vor sich. Schließlich droht er Rachsch, ihm den Kopf abzuschneiden. Als der Drache jedoch abermals, Feuer und Rauch speiend, auftaucht, kümmert sich Rachsch nicht um Rostams Drohung: vor Erregung brüllend trommelt er mit den Hufen auf den Boden, bis dieser zerspringt. Diesmal kann der aus dem Schlaf gerissene Held die Flammen noch sehen, die der Drache ausgespieen hat. Rachsch, der bis zu diesem Augenblick wie verzaubert war, greift das Untier an und beißt es in die Schulter, während Rostam ihm mit seinem Schwert den Kopf abtrennt.

Wie im vorhergehenden Kapitel dargestellt, werden Rachsch und Rostam zur selben Stunde und am selben Ort vom Tod ereilt. Auch bei dieser Gelegenheit unternimmt Rachsch noch einen letzten Versuch, den vom Untergang bedrohten Helden zu retten. Er wittert, daß Gefahr und Tod vor ihnen liegen, und sträubt sich – erfolglos –, seinen Herrn zu der mit Dolchen bestückten Grube zu tragen.

Simurgh

Das zweite mythische Geschöpf, das im *Schahnameh* immer wieder in der Rolle eines Beschützers von Rostam und seiner Familie vorkommt, ist Simurgh, die ›Königin der Vögel‹, die hoch oben im Alburs-Gebirge lebt und dort Rostams Vater Zal aufzieht. Zals Simurgh wird auch um Hilfe angerufen, als Rostam gegen Isfandiar kämpft. In diesem berühmten Duell zweier ebenbürtiger Gegner wird Rostam schwer verwundet, und ihm kommen daraufhin Zweifel, ob er der Stärke Isfandiars gewachsen ist. Er bittet seinen Vater um Hilfe, und Zal, der Rostam und Rachsch voller Bestürzung übel zugerichtet vorfindet, zündet die Feder an, die Simurgh ihm überlassen hat.

Sogleich verdunkelt sich der Himmel, und Simurgh taucht auf. Zal beschreibt ihr die tiefen Wunden, die sein Sohn davongetragen hat, und bittet sie, Rostam gegen Isfandiar beizustehen. Firdausi läßt Simurgh zunächst Isfandiars göttliche Abstammung und seinen heldenhaften Charakter preisen; sie kann nicht verstehen, warum Rostam zum Kampf gegen ihn angetreten ist, kümmert sich aber dennoch um den Verletzten. Sie zieht sieben Pfeile aus seinem Körper und streicht mit ihren Federn über seine Wunden. Dann versorgt sie auch Rachsch: »Sie setzte ihren Schnabel ein, um ihn wiederherzustellen, und zog sechs Pfeilspitzen aus seinem Nacken« (V, 1704).

Simurgh läßt keinen Zweifel daran, wie sehr sie es mißbilligt, daß Rostam gegen Isfandiar kämpft, der von königlichem Geblüt und göttlicher Abstammung ist und »ein heiliger Mann, der die Gnade Gottes besitzt« (V, 1705).

Isfandiar ist der Sohn von Guschtasp (Vischtaspa im *Avesta*), dem Schirmherrn Zoroasters – und der Prophet hat ihn unverwundbar gemacht. Obwohl sie nicht damit einverstanden ist, daß Rostam gegen einen solchen Mann kämpft, enthüllt Simurgh ihm das Geheimnis, wie er Isfandiar bezwingen kann, und stellt damit erneut ihre Loyalität gegenüber Zal und seinem Sohn unter Beweis. Der Zaubervogel weist Rostam an, einen besonderen Pfeil mit drei Federn und zwei Spitzen anzufertigen und mit diesem auf Isfandiars

Illustration aus der Kadschar-Zeit (19. Jh.) in einer Handschrift des Schahnameh *aus dem 15. Jahrhundert: Rostam schießt Isfandiar seinen Pfeil mit zwei Spitzen ins Auge*

Augen zu zielen. Rostam folgt Simurghs Anweisungen; bevor er jedoch den todbringenden Pfeil abschießt, schlägt er seinem Gegner vor, daß sie ihre Feindseligkeiten beenden sollten. Isfandiar aber ist immer noch davon überzeugt, daß ihm keiner gewachsen sei, geht daher nicht auf Rostams Vorschlag ein und fällt diesem schließlich zum Opfer.

Interessanterweise erzählt Firdausi in einer anderen Geschichte über den Helden Isfandiar (der ebenfalls sieben Abenteuer besteht), wie dieser gegen ein großes Vogelungeheuer kämpft, das gleichfalls Simurgh heißt, aber ganz eindeutig nicht mit dem Schutzvogel Zals identisch ist. Isfandiar überwältigt diesen Vogel mit List und schneidet das heimtückische Tier mit seinem Schwert in Stücke. Die Erde war danach von einem Berg zum anderen mit Federn bedeckt.

Kämpfe mit Dämonen

Rostams siebentes Abenteuer in Mazandaran führt ihn mit Dämonen wie Ardschang und dem Div-e Sepid, dem Weißen Dämon, zusammen. Dieser ist der Erzdämon, der den König gefangengenommen hat. Die Divs von Mazandaran, die Feinde der Iraner, sahen wie Dämonen aus – sie waren groß, ihre Körper oft mit Fell bedeckt –, besaßen aber auch Eigenschaften, die denen eines Menschen ähnelten. Das Leid der Gefangenschaft sowie die Häßlichkeit und Bösartigkeit des Weißen Dämons haben dazu geführt, daß Kai Kubad blind geworden ist, und Rostam erfährt, daß man ihm sein Augenlicht nur zurückgeben kann, indem man den Dämon tötet und drei Tropfen seines Blutes dem König in die Augen träufelt. Rostam reitet auf dem windschnellen Rachsch zu der Höhle des großen Div; er trifft zunächst auf ein ganzes Heer von Dämonen, die aber in der Sonnenhitze eingeschlafen sind. Als er sich schließlich einen Weg in die düstere Höhle gebahnt hat, entdeckt er, daß der große Weiße Dämon ebenfalls schlummert. Von Rostams Leopardengebrüll aus dem Schlaf gerissen, stellt der Div sich ihm wie ein »schwarzer Berg« entgegen; er empfängt aber sofort einen Hieb, der eines seiner Beine und einen Arm abtrennt. Auf nur einem Bein stehend setzt der Dämon seinen Kampf fort, bis ihn schließlich Rostam, nach langem und blutigem Gefecht, hochhebt, zu Boden schmettert und ihm die Leber mit seinem Dolch herausschneidet. Die anderen Dämonen, die Zeugen des Kampfes geworden sind, fliehen vor Entsetzen. Rostam benetzt die Augen des gefangenen Königs mit dem Blut des Dämons, und wunderbarerweise erlangt Kai Kubad sein Sehvermögen zurück.

Die Geschichte von Akvan, einem der berühmtesten Dämonen, wird von Firdausi in großer Ausführlichkeit erzählt. Der Dämon greift die königliche Herde an; er hat die Gestalt eines Wildesels angenommen, tötet die Pferde aber wie ein Löwe, indem er ihnen den Schädel zertrümmert. Kai Chosrau begreift sofort, daß dieser merkwürdige Esel nur Akvan sein kann, und läßt Rostam nach Sabulistan kommen. Als der Held der Helden den königlichen Be-

fehl liest, läßt er den König sofort wissen: jedes bösartige Geschöpf, »ob Dämon, Löwe oder männlicher Drache, wird meinem scharfen Schwert nicht entgehen«. Als Rostam auf dem
Schauplatz eintrifft, ist er anzusehen wie »ein Löwe, der ein Lasso
in der Hand hält und auf einem Drachen [Rachsch] reitet«. Drei
Tage lang sucht er nach dem Dämon, am vierten sieht er ihn »wie
den Nordwind« vorüberziehen. Von Akvan heißt es, daß er
äußerlich wie Gold strahlt, unter dieser schönen Oberfläche jedoch häßlich ist. Sein Haupt ähnelt dem eines Elefanten, es ist mit
langen Haaren bedeckt und ragt wie eine Schlange aus seiner

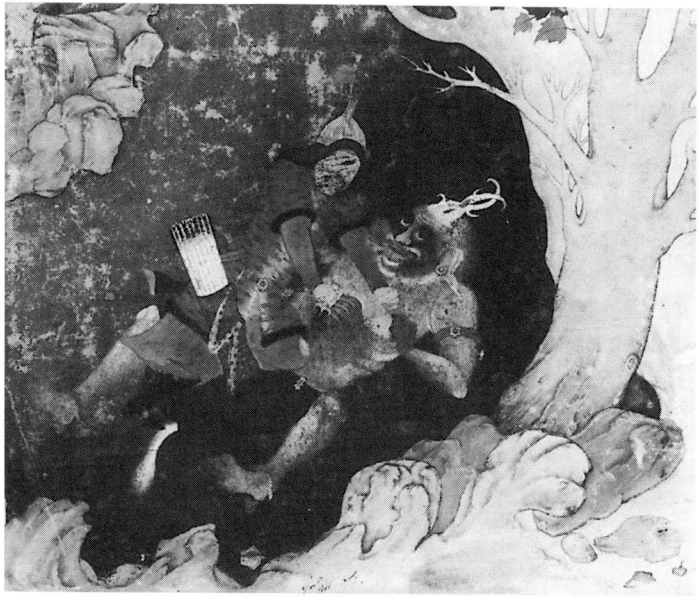

Illustration aus einer Handschrift des Schahnameh *aus dem späten 16. Jahrhundert.
Thema ist das siebente und letzte der Abenteuer Rostams. Der Held tötet den Div-e
Sepid, den Weißen Dämon, und gibt mit dem Blut aus dessen Herz dem König Kai
Kavus die Sehkraft zurück*

Haut hervor. Sein Maul ist voller Zähne, die den Hauern eines Wildebers gleichen; seine Augen sind weiß und seine Lippen schwarz.

Rostams Versuche, den wilden Esel zu fangen, der in Wirklichkeit Akvan ist, bleiben ohne Erfolg; jedesmal, wenn er sein Lasso wirft, entzieht sich die Bestie so mühelos wie der Wind. Auch seine Pfeile vermögen den Dämon nicht zu erreichen, und schließlich steigt der Held erschöpft vom Pferd, nimmt Rachsch den Sattel ab, zieht sein Leopardenfell aus, legt seine Pfeile und sein Lasso auf den Boden und streckt sich auf der dem Sattel untergelegten Filz-

Illustration aus einer Handschrift des Schahnameh *aus dem 16. Jahrhundert. Der Dämon trägt den schlafenden Rostam, den er später ins Meer schleudern wird. Der Held ist wie üblich mit seiner Leopardenhaube dargestellt; sein Bogen, sein Köcher und seine stierköpfige Keule liegen neben ihm*

decke aus, um zu ruhen. Daraufhin wird Akvan, der ihn aus der
Ferne beobachtet hat, zu einem heulenden Sturm, der die Erde in
Staub verwandelt und Rostam plötzlich in den Himmel empor-
trägt. Als Rostam erwacht, stellt er fest, daß er in die Falle geraten
ist: diesmal vermag er weder mit seiner großen Kraft noch mit seinem Schwert oder seiner Keule etwas auszurichten – Akvan ist
noch stärker und mächtiger und überwältigt ihn.

Während der Dämon den Helden im Flug durch die Lüfte trägt,
kommt es zu einem aufschlußreichen Gespräch. Akvan will Rostam entweder auf die Berge oder in den Ozean stürzen lassen und
fragt seinen Gefangenen, auf welche Weise er lieber sterben wolle.
Rostams scharfer Verstand durchschaut den Charakter des Dämons; er entschließt sich daher, ihm nicht zu sagen, was er sich
wirklich wünscht, nämlich in den Ozean geschleudert zu werden,
damit er noch die Aussicht hat, sich schwimmend zu retten. Er
beschwört Akvan, ihn nicht ins Meer fallen zu lassen, weil die
Seelen aus dessen Tiefen nicht in den Himmel aufsteigen könnten,
und fleht ihn an, statt dessen unter die Leoparden und Löwen des
Gebirges geworfen zu werden. Wie Rostam geahnt hat, schleudert
Akvan ihn, kaum daß er seine Bitte vernommen hat, ins Meer;
dem Helden gelingt es, unbeschadet die Küste zu erreichen, obwohl er nur mit dem linken Arm und Bein schwimmen kann, da
er mit der rechten Hand, in der er seinen Dolch hält, und mit dem
rechten Bein die Haifische abwehren muß. Wieder an Land, spürt
Rostam Rachsch auf und fordert, auf seinem mächtigen Roß sit-
zend, in der Nähe einer Quelle Akvan zum letzten Gefecht. Akvan
fragt Rostam, ob er nicht des Kampfes müde sei, nachdem er gerade dem Ozean und den Zähnen der Haie entgangen und mehr
tot als lebendig in die Ebenen zurückgekehrt sei. Rostam antwortet mit einem löwengleichen Brüllen, löst sein Lasso vom Sattel-
gurt und wirft es dem Dämon um die Hüften. Nachdem er das
Ende des Lassos am Sattel festgebunden hat, geht er auf Akvan zu,
erhebt seine Keule wie der Schmied seinen Hammer und schmettert sie dem Dämon auf den Schädel. Dann schneidet er ihm mit
seinem Schwert den Kopf ab.

Begegnungen mit Drachen

Wie schon erwähnt, ist eines der mythologischen Tiere, mit denen Rostam und sein Roß bei ihrem dritten Abenteuer zusammentreffen, ein Drache, der sich vor dem Helden in der Dunkelheit verbirgt und schließlich von Rachsch angegriffen wird, bevor Rostam ihm das Haupt mit seinem Schwert abschlägt. Von einem der dramatischsten Kämpfe zwischen einem Menschen und einem solchen Ungeheuer wird aber in der dazu parallelen Geschichte vom dritten Abenteuer Isfandiars berichtet. Nachdem er Wölfe und Löwen und einen bösen Vogel zur Strecke gebracht hat, muß Isfandiar einem furchterregenden Drachen entgegentreten, von dem es heißt, daß er einem schwarzen Berg gleiche, der das Licht der Sonne und des Mondes verfinstere. Die Augen des Tieres sind wie

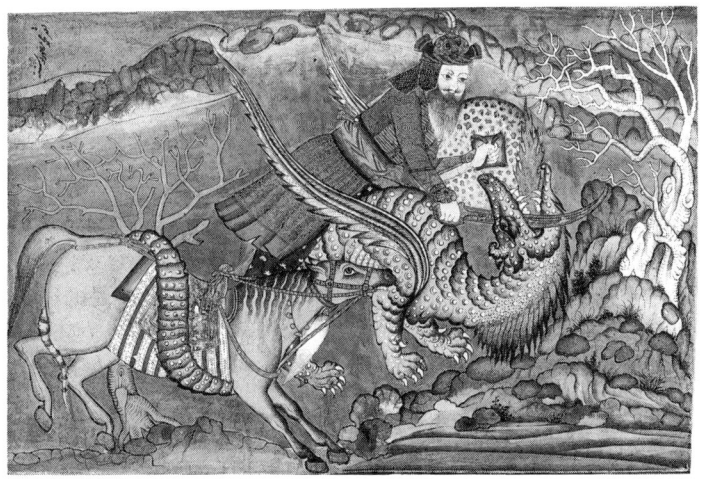

Illustration aus einer Handschrift des Schahnameh *aus dem 18. Jahrhundert. Zu sehen ist der schwerbewaffnete Rostam, der seinen Schild aus Leopardenfell in der Hand trägt und den Drachen angreift, dessen langer Schwanz sich um Rachsch windet. Bäume und Berge deuten das bewaldete Mazandaran an*

Illustration aus einer gekürzten Prosafassung des Schahnameh *aus Kaschmir (18. Jh.): Isfandiar erhebt sich aus seiner Kiste, um den bösartigen Vogel zu töten, der ebenfalls den Namen Simurgh trägt*

zwei glitzernde Seen voller Blut, und Feuer strömt aus seinem Maul; wenn er es öffnet, sieht es wie eine dunkle tiefe Höhle aus. Bevor er aufbricht, um das Untier zu stellen, ersinnt Isfandiar ein höchst raffiniertes Gerät, wie er es ähnlich auch in seinem Kampf mit dem bösen Vogel Simurgh (s. S. 80) einsetzt. Er befiehlt seinen Zimmerleuten, ihm eine hölzerne Kiste zu bauen, die mit spitzen Schwertklingen wie mit Widerhaken besetzt ist. Nachdem diese Kiste auf einen von zwei kostbaren Pferden gezogenen Wagen geladen worden ist, verbirgt sich Isfandiar in ihr. Als der Drache angreift, verschlingt er die Pferde und den Wagen, aber die Stacheln bewirken, daß die Kiste, in der der Held sitzt, in seiner Kehle steckenbleibt. Als schließlich ein Meer von grünem Gift aus dem Maul des verwundeten Ungeheuers strömt, klettert Isfandiar aus der todbringenden Kiste, sticht sein spitzes Schwert in den Kopf des Drachen und legt dessen Gehirn bloß.

[…] in des Drachen Schlund blieben
Die Schwertklingen stecken, und ein Meer von Blut strömte
hervor;
Er konnte seinen Schlund nicht befreien, denn die Schwerter
Saßen darin fest. Von den Klingen gemartert
Und von dem Wagen wurde der Drache
Allmählich schwächer. Da faßte der tapfre Krieger,
Aus seiner Kiste sich erhebend, sein scharfes Schwert
Mit löwengleichem Griff und zerschlug des Drachen Hirn,
Bis giftige Dämpfe, aus dem Staub aufsteigend,
Ihn überwältigten; er taumelte einem Berge gleich nieder,
Und die Sinne schwanden ihm.

(V,1593)

Geschichten von Zoroaster, Kyros und Alexander

Historische Personen finden oft Eingang in die Mythen; dabei werden die tatsächlichen Gegebenheiten ihres Lebens aber durch Legendenbildung umgeformt, und oft ist es kaum möglich, das Erfundene von der Wirklichkeit zu unterscheiden.

Zoroaster

Um die Geburt des Propheten Zoroaster ranken sich zahlreiche Legenden. Jüngere zoroastrische Texte wie das *Denkard* verkünden, daß die Göttliche Gnade (*chvarnah*) und der Schutzgeist (*fravahr*) schon der Mutter des Propheten innewohnten. Die Göttliche Gnade hatte ihren Ursprung in der Welt des Lichtes der Sonne, des Mondes und der Sterne und fand von dort ihren Weg zum häuslichen Herd der Vorfahren Zoroasters. Zoroasters Mutter, Dughdov, trägt also die Göttliche Gnade in sich, die so strahlend ist, daß sie ihren Körper im Dunkeln leuchten läßt. Dieses seltsame Leuchten machen sich böse Dämonen zunutze: sie verbreiten das Gerücht, das Mädchen sei eine Hexe, und bringen Dughdovs Vater dazu, sie aus dem Haus zu weisen. Sie lebt bei der Familie Spitama und heiratet später Puruschasp, den Sohn des Familienoberhaupts. Einen Tag nach der Hochzeit wird Puruschasp von einigen Unsterblichen zu einem besonderen Baum geführt. Der Schutzgeist, vom Himmel zur Erde hinabgebracht, befindet sich in Gestalt einer Haoma-Pflanze (s. S. 28) in den Ästen des Baumes. Puruschasp nimmt die Pflanze an sich und bringt sie seiner Frau. Zoroasters physischer Körper, *tan gohr*, gelangt durch die Milch junger Kühe in den Leib seiner Mutter; diese Kühe wurden mit Pflanzen gefüttert, die durch besonderes Wasser genährt waren, das die Herren des Wassers und der Pflanzen, Churdad und Amurdad, hatten herabregnen lassen. Dughdov trinkt eine Mixtur aus der zerstampften Haoma-Pflanze und dieser besonderen Milch.

Mythen ranken sich auch um Zoroasters früheste Kindheit. Die Dämonen bemühen sich unablässig darum, zu beweisen, daß die Göttliche Gnade ein unheilvolles Zeichen sei. Das führt dazu, daß Zoroasters Vater mehrere Versuche unternimmt, seinen Sohn umzubringen: er versucht, ihn in einem Feuer zu verbrennen, legt ihn erst vor eine dahinjagende Herde von Kühen, dann vor eine Herde von Pferden. Das Kind wird jedesmal gerettet: das Feuer will nicht auflodern, ein Stier oder ein Hengst der Herde stellt sich schützend über das Kind. Zoroaster wird sogar in der Wildnis ausgesetzt, aber eine Wölfin rettet ihn, und ein Mutterschaf säugt das neugeborene Kind.

Im *Denkard* und viel späteren Texten gibt es auch Legenden über die Bemühungen des Propheten, den König Vischtaspa zum Zoroastrismus zu bekehren. Sie erzählen davon, wie der Prophet ins Gefängnis geworfen wird und seine Freilassung erwirkt, indem er eines der Pferde des Königs heilt. Als Vischtaspa schließlich die neue Religion annimmt, wird ihm sein Wunsch erfüllt, sein Schicksal voraussehen zu können. Durch den Trunk eines Gebräus, das auch Haoma-Saft enthält, verliert er die Besinnung und erblickt sich selbst im Himmel. Einigen anderen, die Vischtaspa nahestehen, werden gleichfalls ihre Wünsche erfüllt: einer seiner Söhne darf einen Becher voll Milch trinken, die ihn unsterblich macht; sein Minister Dschamasp erlangt Wissen, indem er wohlriechende Essenzen einatmet, und Vischtaspas zweiter Sohn, Isfandiar, ißt einen Granatapfel, der ihn unbesiegbar macht (s. S. 79).

Kyros der Große

Kyros der Große, der Begründer des Reiches der Achämeniden, gelangte zur Macht, nachdem er 550 v. Chr. den König der Meder Astyages entthront hatte. Nach einer Reihe von Siegen über den lydischen König Krösus, im Jahr 547 oder 546 v. Chr., und seinem siegreichen Feldzug gegen die Babylonier im Jahr 539 v. Chr. herrschte er über ein großes Reich, das sich vom Mittelmeer im Westen bis zum Ostiran und vom Schwarzen Meer im Norden bis nach Arabien im Süden erstreckte. Er wurde 530 v. Chr. auf einem Feldzug im Nordosten seines Reiches getötet.

Der berühmte Tonzylinder von Kyros dem Großen, auf dem in babylonischer Keilschrift die Eroberung Babylons im Jahr 539 v. Chr. durch den persischen Herrscher festgehalten ist

Die Legenden, die das Leben des Kyros und insbesondere seine Geburt umgeben, werden in aller Ausführlichkeit von Herodot erzählt, dem griechischen Geschichtsschreiber aus dem vierten vorchristlichen Jahrhundert, der in Kleinasien lebte. Herodot zufolge war Astyages Kyros' Großvater mütterlicherseits. Dem König träumte einst, daß seine Tochter Mandane soviel Wasser hervorbrächte, daß seine Stadt und ganz Asien davon überschwemmt würde. Als die Magier, die Heiligen Männer, von diesem Traum erfahren, deuten sie ihn so, daß Mandane Unheil über das Land bringen könnte. Ihr Vater gibt sie daher einem Perser namens Kambyses zur Frau, der, obwohl von edler Abkunft, in seiner Achtung tiefer steht als »ein Meder mittleren Standes«. Mandane und Kambyses sind noch kein Jahr verheiratet, als Astyages wieder einen Traum hat, diesmal von einem Weinstock, der in Mandanes Schoß wächst und sich über ganz Asien verbreitet. Die *magi* deuten dies sogleich als böses Omen und erklären dem König, daß Mandanes Sohn seinen Thron an sich bringen werde. Der König läßt seine schwangere Tochter zu sich kommen und hält sie unter strenger Aufsicht, bis das Kind geboren wird. Dann befiehlt er seinem Vertrauten Harpagus, einem medischen Edelmann, das Neugeborene zu töten und den Leichnam zu beseitigen. Das Schicksal und übernatürliche Mächte greifen jedoch in das Geschehen ein: Harpagus bringt es nicht über sich, das Kind mit eigener Hand zu töten. Er läßt einen Hirten zu sich kommen, weist ihn an, den Befehl des Königs auszuführen, und warnt ihn, daß er aufs härteste bestraft werden würde, falls er das Kind am Leben ließe. Wie der Zufall es will, hat die Frau des Hirten während der Abwesenheit ihres Mannes ein totes Kind zur Welt gebracht; sie fleht ihn jetzt an, daß sie den königlichen Sproß am Leben lassen und wie ihr eigenes Kind aufziehen sollten. Die beiden begraben den Leichnam ihres totgeborenen Kindes und sorgen für Kyros, als ob er von ihrem eigenen Fleisch und Blut sei.

Kyros entwickelt sich bald zu einem außergewöhnlichen Knaben, der seine Kameraden in jeder Beziehung überragt und bald königliche Führerqualitäten an den Tag legt. Es wird berichtet, daß Kyros eines Tages beim Spiel von den anderen Kindern dazu bestimmt wird, die Rolle des Königs zu übernehmen. Er wächst sofort in diese Rolle hinein und peitscht den Sohn eines vornehmen Meders aus, der sich weigert, Befehle von ihm entgegenzunehmen. Der Vater des durchgeprügelten Jungen beklagt sich bei Astyages, der daraufhin Kyros zu sich kommen läßt, damit dieser seine Strafe empfange. Gefragt, warum er sich so wild aufgeführt habe, verteidigt Kyros sein Verhalten: er sei, da er die Rolle des Königs gespielt habe, berechtigt gewesen, jemand zu züchtigen,

der seinen Befehlen nicht nachgekommen sei. Astyages begreift
sofort, daß eines Hirten Sohn nicht so sprechen würde, und erkennt, daß er seinen eigenen Enkel, den Sohn Mandanes, vor sich
hat. Dies wird ihm von dem Hirten – wenn auch mit großem Widerstreben – bestätigt. Astyages straft Harpagus für seinen Unge-
horsam, indem er ihm bei einem königlichen Bankett die gekoch-
ten Körperteile seines eigenen Sohnes auftischen läßt. Auf den Rat
der Magier hin gestattet dann Astyages dem Kyros, sich nach Persien zu seinen wirklichen Eltern zu begeben.
Harpagus wird von Racheverlangen gegen Astyages verzehrt und
beschließt, Kyros zu ermutigen, den Thron seines Großvaters an
sich zu bringen. Es ist nicht einfach, Kyros diesen Plan nach Persien zu übermitteln. Herodot schildert, wie Harpagus alles nieder-
schreibt und den Brief in die Bauchhöhle eines erlegten, ungehäu-
teten Hasen schiebt. Das Tier wird wieder zugenäht und einem
vertrauenswürdigen Diener übergeben, der, als Jäger verkleidet,
nach Persien reist und Kyros den Hasen überreicht, den dieser auf-
schneiden soll. Nachdem Kyros den Brief des Harpagus gelesen
hat, setzt sich der Gedanke, Astyages zu entmachten, in ihm fest.
Er plant das ganze Unternehmen sorgfältig und überredet zunächst einige der persischen Stämme dazu, sich auf seine Seite zu
stellen, um das Joch des Astyages und der Meder abzuschütteln.
Schließlich gelingt es ihm, seinen Großvater zu stürzen, und er
wird selbst zum Herrscher über die vereinigten Meder und Perser.
Diese faszinierende Erzählung Herodots gilt noch immer als zu-
verlässigster Bericht über Kyros' Geburt und Aufstieg zur Macht,
obwohl sie einen so starken mythologischen Beigeschmack hat.
Andere Darstellungen wie die des Griechen Xenophon, der mehr
als ein Jahrhundert später im Heer Kyros' des Jüngeren diente,
und die des griechischen Arztes Ktesias aus dem vierten vorchristlichen Jahrhundert werden gewöhnlich als weniger verläßlich angesehen. Eine Geschichte, die sich in jüngeren Quellen findet, ist
jedoch besonders interessant. Darin wird erzählt, wie Kyros,
nachdem er als kleines Kind im Wald ausgesetzt worden ist, von
einem Hund genährt wird, bis der Schäfer und seine Frau kom-

men und den Jungen in ihre Obhut nehmen. Diese Erzählung deckt sich mit vielen anderen mythologischen Darstellungen der Kindheit von Helden und Herrschern, von Romulus und Remus, den Zwillingen, die Rom gründeten und der Sage zufolge von einer Wölfin gerettet und aufgezogen wurden, oder auch von Zal, dem Vater Rostams, der von dem legendären Vogel Simurgh großgezogen wurde.

Geschichten, in denen Träume wie die des Astyages eine Rolle spielen, und solche, worin Kinder ausgesetzt werden, begegnen in der iranischen Mythologie immer wieder. Von Darab, dem Vater von Dara (Darius III.), heißt es im *Schahnameh*, daß er von seiner Mutter Humay ausgesetzt wurde und erst als Erwachsener zu ihr zurückkehrte. In der Geschichte von der Geburt und Jugend Kai Chosraus, des kijanischen Königs und Sohns von Prinz Siavosch, sind einige der Motive enthalten, die in der Geschichte von Kyros wiederbegegnen (s. S. 71). Kai Chosrau wird in Turan am Hof des Königs Afrasiab, des Widersachers der Iraner, geboren. Vor seiner Ermordung sieht sein Vater im Traum voraus, daß Kai Chosrau der Herrscher über den Iran werden wird. Als das Kind auf die Welt gekommen ist, wird es der Obhut von Hirten übergeben und seine wahre Identität geheimgehalten. Gudars, der große iranische Held, erblickt in einem Traum eine mit Wasser angefüllte Wolke, die vom Iran aufsteigt, und ein Engel teilt ihm mit, daß es einen neuen König namens Kai Chosrau gibt. Gudars schickt daraufhin seinen Sohn Giv aus, Kai Chosrau ausfindig zu machen und in den Iran zurückzuholen.

Eine weitere Geschichte aus dem *Schahnameh*, die mit der Legende von Kyros in Zusammenhang gebracht worden ist, ist die von Ardaschir, dem Begründer der Dynastie der Sassaniden. Ardaschirs Vater, Sassan, soll ein Abkömmling der achämenidischen Herrscher des Iran gewesen sein. Der junge Sassan arbeitet als Schäfer für Babak (Papak), den Herrscher über die im südwestlichen Iran gelegene Provinz Fars. Eines Tages hat Babak einen Traum: er erblickt Sassan, der auf einem riesigen weißen Elefanten reitet und die Huldigungen der Menge entgegennimmt. Er sieht auch die heiligen Feuer der Zoroastrier vor Sassan brennen. Er fragt seine

Weisen um Rat, und diese sagen ihm, daß der junge Mann aus seinem Traum eines Tages König sein werde. Babak nimmt Sassan zu sich und gibt ihm seine Tochter zur Frau. Aus dieser Verbindung geht Ardaschir hervor, der im Jahr 224 n. Chr. den letzten parthischen König, Ardavan, besiegt. Eine nahezu identische Geschichte findet sich im *Karnamak-i Artachschir-i Papakan* (Die Urkundensammlung von Ardaschir, dem Sohn des Babak), das aus dem 7. Jahrhundert, das heißt aus sassanidischer Zeit, stammt. Dieses Buch war Firdausi vermutlich bekannt.

Es ist vermutet worden, daß Motive aus der Geschichte von Kyros' Geburt in Erzählungen über andere Herrscher wiederverwendet wurden. Die große Ähnlichkeit der Geschichte von Kai Chosrau mit der Kyros-Legende deutet vielleicht darauf hin, daß es sich bei Kyros und Kai Chosrau um ein und dieselbe historische Person handelt.

Alexander der Große

Auch um die Gestalt Alexanders des Großen, der im Jahr 331 v. Chr. Dara (Darius III.), den letzten König der Achämeniden, schlug, bildeten sich zahlreiche Legenden. Es ist vielleicht überraschend, letztlich aber doch erklärlich, daß die Perser diesen fremden Eroberer als einen großen Mann feierten. Obwohl er ein Usurpator war, ging Alexander als bedeutender Staatsmann und Philosoph in die persische Literatur und Geschichtsschreibung ein. Nur ganz gelegentlich werden negative Aspekte seines Charakters erwähnt oder seine ›Untaten‹ dargestellt. Ein Beispiel dafür finden wir in Firdausis Bericht über das Schicksal des berühmten *takdis*, des mythischen Thronsessels der persischen Könige. Es heißt dort, daß bis zu der Eroberung des Landes durch Alexander jeder neue Herrscher noch etwas zu dem prachtvollen Schmuck des Herrschersessels hinzugefügt, der Mazedonier ihn jedoch in Stükke geschlagen habe. Erst unter der Regierung von Chosrau Parvis (Chosrau II., 590–628 n. Chr.) wurde der Thron wiederhergestellt. Tabari, der große Geschichtsschreiber aus dem 10. Jahrhundert, erwähnt Alexander im Zusammenhang mit der Verbrennung des *Avesta*, was als eine überaus schurkische Tat angesehen wurde. Trotzdem ist Alexander als Held in die persischen Nationalepen eingegangen – und als legitimer Erbe des Throns. Eine solche Bestätigung der Rechtmäßigkeit seiner Herrschaft muß eine politische Notwendigkeit gewesen sein, da nur jemand, der einen berechtigten Anspruch auf die königliche Gnade hatte, Herrscher über den Iran sein konnte. Ein fremder Eroberer hätte keinen Platz in der Geschichte des Landes gehabt, und um Alexander zu ›legitimieren‹, erklärt Firdausi ihn im *Schahnameh* zum Halbbruder des letzten achämenidischen Königs.

Die wichtigste Biographie Alexanders, *Pseudo-Kallisthenes*, die vermutlich aus dem 3. Jahrhundert n. Chr. stammt, war die ursprüngliche Hauptquelle über das Leben des mazedonischen Herrschers. Übersetzungen in andere Sprachen, unter anderem auch ins Pehlewi und ins Arabische, lieferten den Stoff für spätere romanhafte Darstellungen. Zu diesen zählen auch der entsprechende Abschnitt in Firdausis *Schahnameh* aus dem frühen 11. Jahrhundert und Nizami Gandschavis *Iskandarnameh* (*Buch von Alexander*), ebenfalls eine poetische Darstellung von dessen Leben aus dem 12. Jahrhundert.

Firdausi griff für seinen Text mit Sicherheit auf zwei verschiedene Quellen zurück. In dem Teil des *Schahnameh*, der hauptsächlich von Alexander handelt, führt er ihn als iranischen Prinzen aus dem Geschlecht der Kijani ein, der aufgrund dieser Abstammung einen berechtigten Anspruch auf den Thron und die Göttliche Gnade hat. Später jedoch, in seinem Bericht über die sassanidische Epoche und über Ardaschir, den ersten Herrscher dieser Dynastie, unternimmt er einen scharfen Angriff auf Alexander; er stellt ihn als einen Feind Persiens dar, der genauso böse und so zerstörerisch ist wie Sahhak, der Usurpator des persischen Thrones, und wie Afrasiab, der schurkische Turanier. Er beschuldigt ihn auch, den persischen Thronsessel zerstört zu haben, und verurteilt ihn dafür. Nizami hingegen wahrt eine philosophischere Sichtweise und zeichnet Alexander in seinem *Iskandarnameh* als perfekten und vollendeten Herrscher.

Illustration aus einer Handschrift des Chamseh *des Dichters Nizami aus dem späten
15. Jahrhundert: Alexander tröstet den sterbenden Dara (Darius III.)*

Im ersten Teil seines Werks, der als *Scharafnameh* bekannt ist, berichtet Nizami von der Geburt des Mazedoniers. Er führt zwei verschiedene Versionen an und fügt hinzu, daß es noch weitere Darstellungen gibt. In der ersten Fassung der Geschichte heißt es, daß Alexanders Mutter aus Rum – aus Griechenland – stammte und daß die überaus fromme Frau, als sie schwanger wurde, voller Verzweiflung ihren Gatten und ihre Vaterstadt verlassen habe. Ganz auf sich selbst gestellt, gebiert sie inmitten einiger Ruinen ihr Kind und stirbt dann, so daß das Neugeborene verlassen zurückbleibt. Der Zufall will es aber, daß der König Philphius oder Philkus (Philipp von Mazedonien) in der Gegend jagt und dabei an der Toten vorbeikommt. Er sieht, wie das hungrige Neugeborene an seinen eigenen Fingern saugt, und nimmt es mit sich. Den Jungen zieht er wie seinen eigenen Sohn auf und macht ihn zum Kronprinzen. An diesem Punkt merkt Nizami an, weder diese Version der Geschichte noch die Firdausis, der zufolge Alexander mit dem persischen König Dara verwandt war, sei wahr; Alexander sei vielmehr der leibliche Sohn Philipps gewesen. Er läßt dann die wahre Geschichte folgen. Zunächst erzählt er sehr ausführlich, wie Philipp sich in eine wunderschöne Dame seines Hofes verliebt, die dann von ihm schwanger wird. Der König befiehlt seinen Weisen, die Sterne zu deuten und ihm zu berichten, was diese über das noch ungeborene Kind enthüllen. Die Sterne künden von Stärke, Mut, Weisheit und davon, daß der Knabe frei vom ›bösen Blick‹ sein wird und daß er den ›Schlüssel zur Welt‹ erhalten wird. Die Geburt des königlichen Kindes wird daher mit großem Jubel gefeiert. Bald nachdem er begonnen hat, »anmutig wie ein Pfau« zu laufen, bittet der junge Alexander seine Amme um einen Bogen und Pfeile und übt sich im Schießen; manchmal sind seine Ziele aus Papier, manchmal aus Seide. Kaum daß er erwachsen ist, bewaffnet er sich mit einem Schwert und kämpft gegen Löwen. Dann entdeckt er die Freuden des Reitens, und bald schlägt er den Pfad zum Königtum ein. Alexander wird von dem Vater des Aristoteles unterrichtet und erlernt dann die Kunst des Kriegführens. Nach dem Tod seines Vaters besteigt er den mazedonischen Thron, besiegt den König Dara und wird Herrscher des Iran. Er heiratet Roxana (Roschanak), die Tochter des gestürzten Dara, und zieht gen Osten, nach Indien und China. Er stattet auch der Ka'aba, der heiligen Stätte der Muslime, einen Besuch ab und kehrt schließlich in das Land seiner Geburt, nach Griechenland zurück.

Vorderseite einer Münze des Lysimachus von Thrakien (306–281 v. Chr.), auf der Alexander mit einem Widderhorn abgebildet ist

Im zweiten Teil seines Epos, dem *Ikbalnameh*, erhöht Nizami den Eroberer der Welt noch weiter, indem er ihn in den Rang eines Philosophen und Propheten stellt. Immer wieder beteuert er, daß seine Darstellung zutreffend sei; er beschreibt ausführlich, in welchem Ausmaß Alexander sich für die Philosophie und die Wissenschaft interessiert und welchen Reichtum an Kenntnissen er dabei bewiesen habe. Er erzählt, daß der Herrscher vor seinem Tod das Reich unter den verschiedenen Lehnsherren aufgeteilt habe, die damit voneinander unbhängig wurden und nicht gegenseitig Befehle entgegenzunehmen hatten. Dies zumindest entspricht mehr oder weniger den historischen Tatsachen.
Nizami bietet verschiedene Erklärungen dafür an, wie Alexander zu dem Beinamen ›der Doppelt-Gehörnte‹ kam (*dhulkarnain*, persisch *zulkarnain*), ein Titel, der auch im Koran vorkommt, sich

aber nicht notwendigerweise auf Alexander bezieht. Eine Erklärung ist, daß Alexander den Sonnenaufgang sowohl im Osten als auch im Westen sah; *karn* ist das arabische Wort für den oberen Rand der Sonne. Es wurde aber auch erzählt, daß Alexander in einem Traum sah, wie der Osten und der Westen den Himmel von der Sonne wegnahmen. Eine andere Auslegung ist, daß er zwei *karn* lebte; *karn* bedeutet auch ›Zeit‹ oder ›Generation‹. Wieder einer anderen Deutung zufolge bezog sich der Titel darauf, daß Alexander seine Haare am Hinterkopf zu zwei Zöpfen geflochten hatte (*karn* heißt auf arabisch auch ›Haarlocke‹). Schließlich ist es auch möglich, daß ein griechisches Porträt den Anlaß zur Namengebung bot: Alexander ist darauf von zwei gehörnten Engeln flankiert – zum Zeichen, daß Alexander göttlich und von Gott erwählt war und die Engel die Aufgabe hatten, ihn zu schützen – und *ein* Horn (*karn*) jedes der beiden Engel scheint aus der Schläfe des Herrschers selbst herauszuragen. Diese Darstellung war in seinem ganzen Reich verbreitet, und die Araber mögen geglaubt haben, daß die Hörner zu Alexander selbst gehörten.

Es gibt hier eine interessante Parallele zu religiösen Vorstellungen der alten Mesopotamier, für die ein mit Hörnern besetzter Kopfschmuck Attribut einer Gottheit war. Tatsächlich scheint Alexanders Titel auf seine Verbindung mit dem ägyptischen Gott Zeus-Amun zurückzugehen, der oft mit einem Widder assoziiert wird. Nachdem er Ägypten erobert hatte, wurde Alexander zum Sohn des Zeus-Amun ernannt, und auf einigen griechischen Münzen ist er mit einem Widderhorn an der Schläfe dargestellt.

Nach seinen Ausführungen über Alexanders Beinamen erzählt Nizami eine amüsante Anekdote. Es heißt, daß Alexander sehr große Ohren gehabt habe, die er unter seiner goldenen Krone verbarg. Nur der Sklave, der ihm den Kopf rasierte, kannte das Geheimnis. Dieser Sklave starb und mußte ersetzt werden. Der neue Barbier wird sofort vom König ermahnt, nichts über seine großen Ohren verlauten zu lassen. Wenn er es dennoch tue, werde der König ihm »kräftig die Ohren langziehen« und ihn dann töten. Vor Angst wird der Sklave im wahrsten Sinn des Wortes sprachlos. Daß er ein so großes Geheimnis mit sich herumtragen muß, macht ihn schließlich krank, und eines Tages verläßt er den Palast. Seine Verzweiflung treibt ihn aufs offene Feld, dort entdeckt er einen tiefen Brunnen, steckt seinen Kopf hinein und schreit in die Tiefe, daß der König der Welt lange Ohren hat. Erleichtert kehrt er in den Palast zurück.

Sobald der Sklave sich entfernt hat, wächst ein Bambusstengel aus dem Brunnen hervor, der das Geheimnis in sich birgt. Ein Hirte kommt vorbei, sieht den Bambusstab und schneidet ihn, um sich eine Flöte daraus zu machen. Als Alexander eines Tages über die Felder reitet, hört er ein Lied über seine großen Ohren, das aus der Flöte des Hirten dringt. Er befragt diesen, der ihm erzählt, wie er den Bambusstab gefunden und sich eine Flöte daraus gemacht habe. Alexander begreift, daß der Sklave auf irgendeine Weise sein Geheimnis verraten haben muß, und fordert eine Erklärung von dem armen Teufel. Der Sklave erkennt, daß er die Wahrheit erzählen muß, selbst wenn es ihn das Leben kostet, und gesteht, es sei ihm unmöglich gewesen, ein so großes Geheimnis für sich zu behalten, und er habe es daher einem Behältnis anvertraut, das ihm sicher zu sein schien. Alexander vergibt dem Sklaven: er erkennt, daß niemand gezwungen werden kann, ein Geheimnis zu wahren, und daß alle Geheimnisse am Ende ans Licht kommen.

Fortführung einer alten Tradition

In vielen der bereits vorgestellten Werke findet man Angaben darüber, welchen Quellen die alten Geschichten entnommen sind. Die Autoren griffen entweder auf schriftlich fixierte Texte zurück oder auf solche, die seit vielen Generationen mündlich weitergegeben wurden, unter anderem auch von den zoroastrischen Priestern, die Hymnen und Gebete auswendig lernen und Wort für Wort wiederholen können mußten. Die geheiligten Worte des Propheten Zoroaster, die *Gatha*, und andere Teile des *Avesta* blieben auf diese Weise noch bis ins 14. oder 15. Jahrhundert hinein lebendig, und diese Tatsache zeigt, über welch langen Zeitraum hinweg die mündliche Überlieferung fortgeführt wurde und welche Bedeutung ihr zukam.

Außer den Priestern, die ihre Religion am Leben erhielten, indem sie Hymnen und Gebete auswendig lernten und wiederholten, gab es noch Minnesänger, *ramischgar* oder *chunijagar*, die vor dem Herrscher und den Angehörigen seines Hofes auftraten. Solche Spielleute werden in den Werken vieler Dichter erwähnt.

Gewöhnlich heißt es, daß die alten Geschichten, die sie rezitierten, aus der Regierungszeit der Sassaniden stammen, die im dritten vorchristlichen Jahrhundert begann und mit der Islamisierung des Iran endete. Viele der Texte stammen in Wirklichkeit aus einer früheren Zeit, aber man scheint mit dem Ausdruck ›sassanidisch‹ allgemein die Zeit vor der Islamisierung bezeichnet zu haben.

Manchmal wird die Gestalt eines Minnesängers in die Erzählung des Dichters einbezogen, und seine Lieder tragen zur Entwicklung der Geschichte bei. Ein Beispiel dafür bietet die Liebesgeschichte

von Vis und Ramin, die sehr alten Ursprungs ist. Ramin, ein voll-
endeter Minnesänger (*gusan*) und Harfenspieler, singt über die Liebe, die er und Vis füreinander empfinden. Der Dichter, Gurgani,
setzt den Leser zunächst davon in Kenntnis, woher diese Liebesgeschichte stammt:

> Eine populäre Geschichte in diesem Land oder in der Welt, sechs
> weise Männer gaben ihr Gestalt [...], aber die Sprache war Peh-
> lewi, welches nicht von jedermann gekannt und verstanden
> wird. Die Geschichte wurde in diesem Land von jenen benutzt,
> die diese Sprache studierten.

Dies deutet darauf hin, daß zur Zeit Gurganis, das heißt um die
Mitte des 11. Jahrhunderts, eine schriftliche, in dem älteren Pehlewi verfaßte Version des Textes zur Verfügung stand, gleichzeitig
aber auch eine Übersetzung ins Persische existierte. Die persische
Prosaversion wurde von Gurgani in eine romantische Versfassung
umgesetzt; er sagt, daß ein Mythos, mag er auch an sich schon be-
deutend und bezaubernd sein, durch Reim und Metrum noch ver-
bessert werden kann.

Die Kunst des Geschichtenerzählens war im alten Iran hochgeach-
tet, und die Namen einiger der besten und berühmtesten Ge-
schichtenerzähler sind in literarischen Werken bewahrt. Oft trugen
diese Künstler ihre Texte singend vor und begleiteten sich dabei
auf einem Musikinstrument. Bahram Gur (Bahram V., 420–438),
der berühmte sassanidische König, dessen Mut, Jagdleidenschaft
und unvergleichliche Geschicklichkeit mit dem Bogen in der
Dichtung und der darstellenden Kunst gefeiert werden, besaß eine
Lieblingssklavin, eine junge Griechin namens Azadeh, die sang
und Harfe spielte. Sie begleitete ihn auf seinen Jagdzügen. Bahram
bat einmal den König von Indien, ihm zehntausend männliche und
weibliche Spielleute und Harfenspieler zu schicken.
Im *Schahnameh* gibt es zahlreiche Erwähnungen solcher Minnesänger. Am ausführlichsten widmet sich Firdausi dem Sänger Barbad, der sowohl von ihm als auch von Nizami hoch gerühmt
wird. Firdausi erzählt, wie Barbad am Hof des sassanidischen Kö-

Illustration aus einer Ausgabe des Chamseh *des Dichters Nizami aus dem 16. Jahrhundert (1539–43): Barbad, der ›König der Spielleute‹, am Hof von Chosrau II., spielt auf seiner Laute*

nigs Chosrau II. (590–628), der auch als Chosrau Parvis bekannt
ist, zum König der Minnesänger aufstieg. Barbad beschließt, Sarkasch, dem amtierenden Hofsänger, seinen Titel streitig zu machen; er wird aber aus dem königlichen Gefolge verbannt. Entschlossen, die Aufmerksamkeit des Königs auf sich zu ziehen,
freundet sich Barbad mit dem Gärtner an, der verspricht, ihn zu
benachrichtigen, wenn der König der Könige seine Gärten auf-
sucht. Eines Tages erfährt Barbad, daß man den König erwartet.
Er kleidet sich in grüne Gewänder und färbt auch sein Musikinstrument grün, dann versteckt er sich in einem Baum. Der König
trifft ein und macht es sich inmitten der Blumen bequem. Barbad
beginnt zu singen. Der König und sein Gefolge sind entzückt von
der schönen Stimme und fragen sich, wer wohl der Sänger eines
solch lieblichen Liedes sein mag. Sarkasch begreift, daß nur sein
Rivale Barbad so wunderschön singen und spielen kann, und fällt
in Ohnmacht. Der König befiehlt seinem Gefolge, nach dem Sänger zu suchen; er läßt sich jedoch wegen seiner grünen Tarnklei-
dung nicht ausfindig machen. Nach einem zweiten Lied und einer
weiteren erfolglosen Suche gelingt es dem König, Barbad aus seinem Versteck zu locken, indem er verspricht, daß er seinen Mund
und seinen Schoß mit Edelsteinen füllen werde. Als er dies ver-
nimmt, steigt Barbad aus seinem Baum, erweist Chosrau Parvis
seine Ehrerbietung und bezeichnet sich als seinen Sklaven, der nur
zu dem Zweck lebe, für ihn zu singen. Barbad wird reich belohnt,
erhält die Stelle von Sarkasch und wird König der Minnesänger,
schah-i ramischgaran. Als Chosrau Parvis später ermordet wird,
schneidet sich Barbad zum Zeichen seiner Treue die Finger ab und
verbrennt seine Instrumente.

Die Spielleute erfüllten gleichzeitig die Funktion von Dichtern
und von Musikern. Wie aus der Geschichte Barbads hervorgeht,
war es ein Privileg, Spielmann an einem königlichen Hof zu sein.
Einen ähnlich hohen Status genoß der erste große Dichter Persiens, Rudaki, der im frühen 10. Jahrhundert lebte. Der in vielen
islamischen Texten erwähnte und als ›König der Dichter‹ gefeierte
blinde Rudaki sang seine Gedichte zu Harfen- und Lautenbeglei-
tung.

Vis und Ramin

Die Geschichte von Vis und Ramin stammt aus vor-islamischer Zeit. Der Dichter Gurgani nahm um die Mitte des 11. Jahrhunderts den Stoff wieder auf, der ihm zufolge auf die sassanidische Epoche zurückgeht. Heute ist man jedoch der Ansicht, daß er aus parthischer Zeit stammt, vermutlich aus dem ersten nachchristlichen Jahrhundert. Man hat auch die Ansicht geäußert, daß sich in Gurganis Text die Sitten und Gebräuche der Zeit, die seiner eigenen Lebenszeit unmittelbar voranging, widerspiegeln. Dies ist nicht auszuschließen, da die Autoren, wenn sie solche uralten Geschichten wiedererzählten, oft ›zeitgenössische‹ Elemente einfließen ließen.

Den Rahmen für die Erzählung bildet die Geschichte vom Zwist zweier Herrschergeschlechter, von denen eines im Westen, das andere im Osten zu Hause ist. Die Existenz solcher kleinen Königreiche und die feudalistische Gesellschaftsstruktur stärken die Vermutung, daß die Handlung in parthischer Zeit spielt. Die Popularität dieses Textes wird von Gurgani selbst erwähnt; sie zeigt, daß es ein Bedürfnis nach alten Stoffen und traditionellem Erzählgut gab.

Die Handlung wird dadurch in Gang gesetzt, daß zwischen zwei regierenden Familien ein Streit ausbricht, bei dem es um Liebe und Ehre geht. An Stelle der Kavi-Könige aus dem *Avesta* und den kinjanischen Herrschern aus dem *Schahnameh* begegnen uns hier Angehörige des Hauses Karen (einer parthischen Adelsfamilie). In der Geschichte befindet sich ihr Stammsitz in der alten medischen Stadt Hamadan. Ihr Gegner ist Mubad Manikan, der König von Merv (jetzt im zentralasiatischen Turkmenistan), der im Osten regiert. Der Text beginnt damit, daß Mubad, der alte König von Merv, Schahru, der schönen, ›elfengesichtigen‹ Königin von Mah (Medien) seine Liebe gesteht. Schahru erklärt Mubad, daß sie bereits verheiratet ist und einen Sohn namens Viru hat; sie muß ihm aber versprechen, daß sie, wenn sie jemals eine Tochter haben wird, diese Mubad zur Frau geben werde. Schahru gibt dieses Versprechen ab, weil sie überzeugt ist, daß sie niemals wieder ein

Kind gebären wird. Das Abkommen wird per Handschlag besiegelt und auf ein Seidentuch niedergeschrieben. Wie das Schicksal es will, wird aber »der vertrocknete Baum wieder grün und brachte einhundert Blätter und Blüten hervor. In hohem Alter wurde Schahru schwanger; es war, als ob eine Perle in eine Auster gefallen wäre.«

Das Kind ist ein Mädchen, das den Namen Vis erhält. Vis wird sofort einer Amme übergeben, die sie nach Chusistan schafft und zusammen mit einem zweiten ihr anvertrauten Kind aufzieht. Dieses andere Kind ist Ramin, der jüngere Bruder des Königs von Merw. Als die Kinder groß sind, wird Ramin nach Merw zurückgerufen, und Vis wird in ihr Elternhaus nach Hamadan zurückgeschickt. Ihre Mutter ist der Meinung, daß der einzige Mann im ganzen Iran, der sich eines so schönen und gebildeten Wesens würdig zeige, ihr Sohn Viru, Vis' eigener Bruder, sei. Die Sterne werden befragt, und die Vorzeichen sind günstig; also findet eine prächtige Hochzeit statt. Während man noch feiert, trifft Zard, ein Halbbruder König Mubads, am Hof ein und überbringt eine Botschaft, mit der Schahru an ihr Versprechen erinnert wird, Mubad ihre Tochter zur Frau zu geben. Vis weigert sich, ihren Bruder-Gatten zu verlassen, woraufhin Mubad wutentbrannt beschließt, einen Krieg gegen das Haus Karen zu beginnen. Er entsendet Botschafter an andere Könige und findet bei vielen Unterstützung, unter anderem bei denen von Tabaristan, Gorgan, Dahistan, Chorezmia, Sogdia, Sind, Indien, Tibet und China. Bald füllt sich sein Hof mit den Befehlshabern von Armeen, und auf den Ebenen von Merw drängen sich die Menschen so, daß man an den Tag des Jüngsten Gerichts erinnert wird. In der Zwischenzeit hat Schahru sich des Beistands der Könige versichert, die an dem Hochzeitsfest teilgenommen haben. Dies sind die Könige, die im westlichen Teil des Iran herrschen, in Aserbeidschan, Ray, Gilan, Chusistan, Istachr und Isfahan. Die zwei Heere treffen in der Ebene von Nihavand aufeinander, und Vis' Vater wird auf dem Schlachtfeld getötet. Bei dieser Schlacht erhascht Ramin einen Blick auf Vis, seine Jugendfreundin, und verliebt sich sofort in sie. Er versucht seinen älteren Bruder, den König, von dem Gedanken abzubringen, Vis zu heiraten, aber Mubads Liebe zu ihr wird nur noch stärker, und er ist entschlossen, sie zu seiner Frau zu machen. Schließlich gelingt es ihm, Schahru dazu zu bewegen, ihn ihre Tochter heiraten zu lassen, indem er ihr kostbare Geschenke überreicht und sie an ihr Versprechen erinnert; er mahnt sie, daß sie sich von dem Allmächtigen nicht abwenden dürfe. Aus Furcht vor Gott läßt Schahru die Tore ihrer Festung öffnen, und Mubad führt Vis in sein Reich.

Plakette aus gebranntem Ton (vermutlich aus sassanidischer Zeit), auf der Akrobaten bei ihren Vorführungen dargestellt sind

Während in Merv gefeiert wird, wird Ramin von Liebe zu Vis verzehrt. Vis wiederum ist entschlossen, den Tod ihres Vaters als Vorwand zu nehmen, um Mubad daran zu hindern, ihr zu nahe zu treten. Als die Handlung an diesem Punkt angekommen ist, tritt völlig unerwartet eine Person auf, die das zukünftige Schicksal der Liebenden entscheidend bestimmen wird: dies ist die Amme, die die beiden aufgezogen hat und nun herbeigeeilt ist, um in Vis' Nähe zu sein. Indem sie geheimnisvolle Kräfte einsetzt, führt sie ein Treffen zwischen ihren früheren Schützlingen herbei. Es kommt zu einer leidenschaftlichen Liebesbegegnung, die jedoch noch kei-

ne letzte Erfüllung findet. Zur gleichen Zeit giert Mubad, den Vis
von sich ferngehalten hat, nach seiner schönen jungen Frau. Vis
und Ramin werden zwischen ihrer gegenseitigen Liebe und ihrem
Schuldgefühl gegenüber Mubad hin- und hergerissen; sie wirken
wie hilflose Figuren, die von schicksalhaften Mächten gelenkt
werden. Als Mubad sich einmal von seinem Hof entfernt, voll-
enden sie ihre Liebe.

Mubad, der nichts von der Beziehung zwischen seiner Frau und
seinem Bruder ahnt, lädt beide ein, zu ihm in das westliche Hügel-
land zu kommen, und schlägt vor, daß Vis ihre Familie besuchen
solle. Durch Zufall hört Mubad ein Gespräch zwischen Vis und
der Amme mit an, aus dem hervorgeht, daß die junge Frau ein
Verhältnis mit Ramin hat. Außer sich vor Wut droht er, Vis bloß-
zustellen und Ramin zu töten, aber Vis gelingt es, ihn wieder zu
besänftigen, indem sie erklärt, daß er ihr mehr bedeute als jeder
andere Mann. Viru, Vis' erster Gatte und Bruder, kann ihre Leidenschaft für Ramin nicht begreifen. Er erinnert sie an ihre edle
Abkunft und dringt in sie, daß sie keine Schande über ihre Ahnen
bringen dürfe, nur weil der junge Mann sie so betört habe. Vis
flieht jedoch mit Ramin nach Ray; sie halten ihren Aufenthaltsort
geheim. Als Ramin seiner Mutter einen Brief schreibt, verrät diese
indessen Mubad, wo er seinen Bruder finden kann. Die beiden
Liebenden müssen nach Merv zurückkehren; dort setzen sie ihre
Beziehung hinter dem Rücken des alten Königs fort, sie nehmen
jede Gelegenheit wahr, beisammen zu sein. Mubad wird von den
Gedanken an die Untreue seiner Frau und den Verrat seines Bruders gequält, und immer wenn er sich von seinem Hof entfernen
muß, schließt er Vis in einer einsamen Festung ein.

Mittlerweile ist Vis' und Ramins Liebschaft in ganz Merv be-
kanntgeworden, und bei einem Hofbankett singt Ramin, ein aus-
gezeichneter Sänger und Harfenspieler, auch von ihrer Liebe zu-
einander. Mubad wird durch diese Offenheit seines Bruders in
höchste Wut versetzt und droht, ihm die Kehle durchzuschneiden.
Als Ramin sich zur Wehr setzt, kommt der König zur Besinnung
und vermag sich gerade noch zu zügeln. Von seiner Liebe zu Vis
und seinem Pflichtgefühl gegenüber seinem Bruder innerlich zer-

Silberschale mit einer Bankettszene aus später sassanidischer Zeit (vermutlich 8 Jh. n. Chr.). Der König trägt eine Krone und ein Diadem und ruht auf einem tacht, einem bankartigen Thron. Der Harfenspieler hat den Mund geöffnet, was darauf schließen läßt, daß er zu der Musik singt rissen, sucht Ramin den Rat eines weisen Mannes. Dieser erklärt ihm, daß er unter dem Bann eines Dämons stehe, und daß er, wenn er in die Welt hinauszöge, viele Frauen finden würde, die aufrichtiger und tugendhafter seien als Vis. Ramin beschließt, Merv zu verlassen und ein neues Leben zu beginnen. Er zieht nach Westen, nachdem ihm die Königreiche Ray und Gorgan zugesprochen worden sind.

Im Westen begegnet Ramin Gol, einer parthischen Prinzessin, und verliebt sich in sie. Er heiratet sie und vergißt schließlich seine alte Liebe. Doch die Tage der ungetrübten Freude kommen an ein jähes Ende, als er eines Tages Gol mit Vis vergleicht und meint, sie gleiche einem Apfel, der in zwei Hälften geschnitten sei. Gol ist wegen dieses Vergleichs mit der ehemaligen Geliebten erzürnt und fühlt sich von Ramin verraten. Nun, da die Erinnerung an Vis wieder wach geworden ist, schreibt ihr Ramin, und es beginnt ein langer Briefwechsel zwischen den beiden.

Ramin kehrt schließlich nach Merv zurück, und die beiden Liebenden sind wieder vereint. Sie fliehen erneut und nehmen die Schätze des Königs mit sich. Wieder wenden sie sich gegen Westen, und nachdem sie Kazvin durchquert haben, lassen sie sich in Daylaman nieder. Als Mubad ihre Flucht entdeckt, verfolgt er sie mit seinem Heer, kommt aber auf grausamste Weise ums Leben: während er eines Nachts ruht, wird er von einem Wildschwein angegriffen. Mubad jagt der Bestie auf seinem grauen Pferd nach, schießt einen Pfeil auf sie ab, verfehlt sein Ziel aber. Das Wildschwein stürzt sich auf den König und und sein Pferd, reißt den Reiter zu Boden und schlitzt ihn von der Brust bis zum Nabel auf. Ramin wird als Nachfolger des toten Mubad zum König der Könige gekrönt. Er und Vis ziehen voller Freude wieder in Merv ein. Sie leben als Mann und Frau zusammen, und ihnen werden zwei Söhne geboren. Als Vis schließlich stirbt, bettet Ramin ihren Leichnam in ein unterirdisches Grab, in das er ihr bald nachfolgt. Vor seinem Tod übergibt er ihrem gemeinsamen Sohn Churschid Krone und Thron.

Chosrau und Schirin

Die Geschichte von Chosrau und Schirin basiert auf dem Leben des sassanidischen Königs Chosrau II. (Chosrau Parvis). Wie die Geschichte von Vis und Ramin war auch die von Chosrau und seiner Liebe zu Schirin, einer christlichen Fürstin, in späterer Zeit recht populär und wurde von mehreren Dichtern wiederaufgenommen. In Firdausis *Schahnameh* ist sie von untergeordneter Bedeutung. Nizami hingegen baut um das tragische Schicksal der jungen Frau herum ein ganzes Epos auf; er verfaßte seine romantische Geschichte einhundert Jahre nach Vollendung des *Schahnameh* und nimmt gegenüber Firdausis Darstellung der Liebe zwischen Chosrau und Schirin dieselbe Haltung ein wie gegenüber dem *Iskandarnahmeh* (s. S. 98). Er erwähnt sie zwar, betrachtet sie aber als zu nüchtern und sagt, daß er mehr aus dieser Liebesgeschichte machen werde. Und das tut er auch. Er schildert eindringlich Chosraus brennende Liebe zu Schirin und berichtet von seinen Versuchen, die Angebetete zu erlangen. Er stellt auch dar, wie Schirin von widerstreitenden Gefühlen beherrscht wird: ihrer Liebe für Chosrau steht die begründete Befürchtung gegenüber, daß dieser sie wieder verlassen könnte, nachdem er sie einmal erobert habe. Interessanterweise wird Schirin von ihrer Mutter ermahnt, an Vis zu denken und nicht in ähnlicher Weise Schande über sich zu bringen und sich zu entwürdigen. Andere Einzelheiten aus Nizamis Geschichte, wie zum Beispiel das Motiv, daß Chosrau sich leidenschaftlich in eine andere Frau verliebt, dies dann aber bereut und zu Schirin zurückkehrt, und auch die langen Gespräche zwischen den beiden Liebhabern lassen an Gurganis *Vis und Ramin* denken und zeigen, daß Nizami die ältere Romanze kannte, ihre Handlung aber nicht für moralisch einwandfrei erachtete.

Chosrau Parvis, Sohn und Erbe von Hurmuzd IV. (579–590), zeigte schon in frühester Jugend bemerkenswerte Eigenschaften. Er war nicht nur von überwältigender Schönheit, auch sein Wissen und seine Weisheit, sein Mut und seine Kraft hatten nicht ihresgleichen. Er ging so geschickt mit Pfeil und Bogen um, daß

er mit ihnen Knoten lösen und die Ringe eines Kettenhemdes
voneinander trennen konnte. Er brachte Löwen zur Strecke und
stürzte mit seinem Schwert Säulen um. Als er vierzehn Jahre
alt ist, wird er in die Obhut eines weisen und gelehrten Leh-
rers namens Busurg Umid (Busurg Mihr) gegeben. Einmal erscheint ihm im Traum sein Großvater Anuschirvan (Chosrau I.
Anuschirvan) und verkündet dem jungen Mann, daß er bald der
Liebe seines Lebens begegnen werde. Außerdem werde er ein
neues Pferd, Schabdis, erhalten, mit dem noch nicht einmal der
Sturm Schritt halten könne, werde einen königlichen Thron sein
eigen nennen und auch noch einen Spielmann namens Barbad,
dessen Kunst sogar Gift einen köstlichen Geschmack verleihen
könne.

Eines Tages erfährt Chosrau durch seinen Freund Schapur, einen
herausragenden Künstler, von Mahin Banu und ihrem am Kaspischen Meer gelegenen Königreich. Sie hat eine Tochter mit
Namen Schirin (was im Persischen ›süß‹ bedeutet), deren Schönheit an ein »Feenkind, an volles Mondlicht« erinnert. Ihre Zähne
sind wie Perlen, ihre Lippen wie Rubine. Diese Schilderung
reicht schon aus, um Chosrau in Liebe zu der Schönen entbren-
nen zu lassen. Schapur spielt den Kuppler, indem er sich, als er
sich in Armenien aufhält, zu Schirin begibt und ihr ein Bild
Chosraus zeigt. Auch sie verliebt sich sofort. Schapur überreicht
ihr einen Ring Chosraus und sagt, sie solle nach Ktesiphon reiten,
um ihn dort zu treffen. Am nächsten Morgen gibt Schirin vor, sie
wolle auf die Jagd gehen, und bittet ihre Mutter um Erlaubnis,
Schabdis reiten zu dürfen, ein Pferd, das so schnell wie der Wind
galoppiert. Sie lenkt ihr Pferd in Richtung Ktesiphon und stürmt
so schnell davon, daß ihr Gefolge hinter ihr zurückbleibt. Erschöpft hält sie unterwegs einmal an einem See, der ›Quelle des
Lebens‹, an, um ein Bad zu nehmen. So ergreifend ist das Bild
der schönen Schirin, daß sich »des Himmels Augen mit Tränen
füllten«.

In der Zwischenzeit hat Chosrau am königlichen Hof in Ktesiphon mit Widrigkeiten zu kämpfen. Ein rivalisierender König,
Bahram Tschubin (Bahram VI.) hat in Chosraus Namen Münzen

geprägt und sie im Reich zirkulieren lassen. Hurmuzd hält dies für
einen Beweis dafür, daß sein eigener Sohn versucht, die Herrschaft zu übernehmen. Der weise Busurg Umid rät Chosrau, sich
für eine Zeit aus Ktesiphon zu entfernen. Bevor dieser das tut, gibt
er seinen Haremsdamen die Anweisung, Schirin gastfreundlich
und zuvorkommend zu behandeln, falls sie bei Hof einträfe. Dann
reitet er in großer Eile davon, um dem Zorn seines Vaters zu entgehen.

Wie das Schicksal es will, halten Chosraus Pferde an derselben
Stelle an, um sich zu erholen, wo Schirin ihr Bad nimmt. Chosrau
erhascht aus den Büschen heraus einen Blick auf die Schöne und
ihr märchenhaftes Pferd, weiß aber nicht, um wen es sich handelt.
Als sie ihn schließlich bemerkt, fragt sie sich, wer er sei, es kommt
ihr sogar in den Sinn, daß es Chosrau sein könnte – nur dieser ver-
möchte so starke Gefühle in ihr wachzurufen. Sie verwirft diesen
Gedanken jedoch: der Mann trägt keine königlichen Gewänder,
und sie kann nicht ahnen, daß er sich verkleidet hat. Schirin reitet
auf Schabdis fort, und als Chosrau erneut nach ihr schaut, kann er
sie nirgendwo entdecken. Er weint darüber, daß er es nicht gewagt hat, sich ihr zu nähern. Betrübt setzt er seine Reise nach Armenien fort, während Schirin sich Ktesiphon nähert. Bei Hofe angekommen, sucht sie die Damen des königlichen Harems auf.
Obwohl diese wegen ihrer Anmut und Schönheit sofort gegen sie
eingenommen sind, müssen sie sie doch willkommen heißen.
Schirin erfährt bald von Chosraus Flucht und ist jetzt überzeugt,
daß der Mann, den sie beim Baden gesehen hat, kein anderer als
der Geliebte war.

Chosrau ist inzwischen in Armenien eingetroffen, wo er von Mahin Banu freundlich aufgenommen wird. Er bleibt eine Weile dort
und verbringt seine Tage damit, Wein zu trinken und Schirins Abwesenheit zu beklagen.

Als Chosrau sich noch in Armenien aufhält, läßt ihm eine Gruppe
von Adeligen die Botschaft überbringen, daß sein Vater Hurmuzd
gestorben ist. Man bittet ihn, an seiner Stelle Persiens Thron zu
besteigen, da das Land seinen rechtmäßigen Herrscher brauche.
Chosrau eilt nach Ktesiphon zurück und stellt voller Überra-

schung fest, daß Schirin die Stadt verlassen hat. Die Frauen seines
Harems erklären ihm, daß sie in einen Palast in den Bergen gezogen sei, in Wirklichkeit ist sie aber, in der Hoffnung, dort Chosrau
zu finden, mit Schapur nach Armenien zurückgeritten. Bei ihrer
Rückkehr wird sie nicht von einem liebevollen Chosrau begrüßt,
sondern nur von ihrer Mutter, die glücklich ist, ihre Tochter wieder bei sich zu haben.

Chosraus Herrschaft wird von seinem alten Gegner Bahram
Tschubin bedroht. Der Rivale hat Gerüchte verbreitet, daß Chosrau aufgrund seiner blinden Liebe für Schirin den Verstand verloren habe, und hat soviel Unterstützung gewonnen, daß Chosrau
gezwungen ist, über Aserbeidschan nach Armenien zu fliehen.
Dort finden er und Schirin bei einem Jagdausflug endlich zusammen und können sich gegenseitig ihre Liebe gestehen. Mahin Banu rät Schirin, sich nicht von ihren Gefühlen fortreißen zu lassen;
sie solle auf jeden Fall darauf bestehen, Chosraus rechtmäßige
Ehefrau zu werden, damit sie nicht dasselbe Schicksal erleide wie
Vis. Schirin verspricht, dem Rat ihrer Mutter zu folgen, und
wehrt mit viel Takt die leidenschaftlichen Annäherungsversuche
Chosraus ab.

Voller Wut über die vermeintliche Abweisung verläßt Chosrau
Schirin, nimmt Schabdis und reitet nach Konstantinopel (Istan-
bul). Dort heiratet er Marjam, die Tochter des byzantinischen
Herrschers, und mit dessen Heer zieht er gegen seinen Widersacher Bahram. In einer blutigen Schlacht besiegt er den Rivalen,
der seinen Anspruch auf den Thron aufgibt und nach China
flieht.

Nachdem er seinen Thron zurückerobert hat, beginnt Chosrau
wieder über Schirin nachzudenken. Er versucht, den Schmerz darüber, daß er sie verloren hat, zu vergessen, indem er den Liedern
seines berühmten Spielmanns Barbad lauscht.

In Armenien stirbt Mahin Banu, nachdem sie Schirin noch einmal
ermahnt hat, ihre Leidenschaft für Chosrau zu zügeln, und ihre
Tochter wird zur Königin gekrönt.

An diesem Punkt der Handlung tritt Farhad auf, ein riesiger Stein-
metz, der für seine Fähigkeit berühmt ist, das Unmögliche zu

Illustration aus einer Ausgabe des Chamseh *von Nizami aus dem späten 15. Jahrhundert: Farhad und Schirin treffen sich am Berg Bisutun; sie hat ihm einen Krug mit Milch überreicht*

bewerkstelligen. Als er Schirin vorgestellt wird, verliebt er sich sofort hoffnungslos in sie. Die Kunde davon dringt bald zu Chosrau, der versucht, sich des Rivalen zu entledigen, zunächst indem
er ihm Gold anbietet, dann indem er ihm eine nicht zu erfüllende
Aufgabe gibt, die ihn vom Hof und von Schirin fernhalten wird.
Nach einem hitzigen Wortgefecht mit seinem Konkurrenten um
Schirins Gunst schickt Chosrau ihn aus, damit er eine Straße
durch die Berge von Bisutun anlege, auf der die Handelskarawa-
nen schneller vorankämen. Farhad stimmt zu unter der Bedin-
gung, daß Chosrau seinen Anspruch auf Schirin aufgebe, wenn
die Aufgabe vollendet sein werde. Als Farhad am Werk ist, stattet
Schirin ihm einen Besuch ab und bringt ihm einen Krug Milch,
um seine Kräfte zu erneuern. Auf dem Rückweg wird ihr Pferd
unter dem großen Gewicht der Juwelen, mit denen sie geschmückt ist, schwach. Aber gerade als das Pferd mit seiner schönen Reiterin zusammenzubrechen droht, eilt Farhad herbei, hebt
beide auf seine Schultern und trägt die noch im Sattel sitzende
Schirin majestätisch in ihren Palast zurück. Als Chosrau von diesem Vorfall erfährt und auch davon, daß Farhads Tunnel durch die
Felsen von Bisutun bald fertig sein werde, begreift er, daß er Schirin verlieren wird. Er entsendet daher einen Boten zu Farhad und
läßt ihm mitteilen, daß Schirin gestorben sei. Da er ohne sie nicht
weiterleben will, stürzt sich Farhad von den Bergen und findet
sofort den Tod. Wenig später stirbt auch Chosraus Frau, Marjam.
Chosrau reist nach Isfahan, wo er sich in Schakar, ›Zucker‹, verliebt, ein Mädchen, das für seine Schönheit und seine Unschuld
berühmt ist. Er heiratet sie, aber nachdem er nun ›Zucker‹ erlangt
hat, die für ihn den ›Körper‹ repräsentiert, sehnt er sich nach ›Sü-
ße‹, nach Schirin, die die ›Seele‹ darstellt. Nachdem ein Briefwechsel sie wieder zusammengeführt hat, lauschen Chosrau und
Schirin eines Tages einem wunderschönen Duett, das die zwei
Hofsänger, Nakisa und Barbad, vortragen. Nakisa trägt die Worte
Schirins vor, Barbad bringt die Gedanken Chosraus zum Ausdruck. Dies führt zur Versöhnung der beiden Liebenden, und
Chosrau verspricht, Schirin zu heiraten. Ihre Liebesbeziehung

Illustration aus einer Ausgabe des Chamseh *von Nizami aus dem 16. Jahrhundert: Schiruy nähert sich seinem neben Schirin ruhenden Vater Chosrau, um ihn zu ermorden*

wird mit einem königlichen Hochzeitsfest besiegelt, aber ihr
Glück währt nicht lange. Schiruy, der Sohn Chosraus und Mar-
jams, verliebt sich in Schirin, als er sie bei dem Hochzeitsfest erblickt. Da er sie selbst zur Frau begehrt, ermordet er seinen Vater
auf heimtückische Weise, als dieser neben Schirin ruht. Am Tag
von Chosraus Begräbnis schließt Schirin sich jedoch im Grab ihres
Gatten ein und tötet sich. Als man ihren Leichnam entdeckt hat,
wird sie feierlich an Chosraus Seite zur letzten Ruhe gebettet.

Märchen und Passionsspiele

In den persischen Märchen kommen übernatürliche Wesen einer besonderen Art vor: die *pari*, die Feen. Diese Wesen gehen auf die hexenartigen *pairaka* aus dem *Avesta* zurück, jene bösen Geister, die vor allem in der Nacht aktiv sind. Sie besitzen die Fähigkeit, ihr Äußeres zu verändern und sich in Geschöpfe von großer Schönheit zu verwandeln; so sind sie in der Lage, sich die Menschen willfährig zu machen und sie zu bösen Taten zu veranlassen. In der persischen Volksdichtung spielen die *pari* mit ihrer großen Schönheit und ihren übernatürlichen Kräften eine große Rolle.

Tausendundeine Nacht

Eine der berühmtesten Sammlungen alter Erzählungen ist das arabische *Alf laila wa-laila*, *Tausendundeine Nacht*. Diese Erzählungen gelangten schon während des Mittelalters nach Europa, wurden aber erst zu Beginn des 18. Jahrhunderts in einer europäischen Sprache aufgeschrieben: Antoine Galland übersetzte sie ins Französische; auf diese Ausgabe mit dem Titel *Le mille et une nuits* gingen lange Zeit die meisten Übertragungen in andere europäische Sprachen zurück. Eine neue Übersetzung ins Deutsche nach dem Original wurde in diesem Jahrhundert von Enno Littmann vorgelegt.
Bei diesem ›Buch‹, das vor allem durch Erzählungen wie *Ali Baba und die vierzig Räuber*, *Die Abenteuer Sindbads des Seefahrers* und *Aladin und die Wunderlampe* bekannt ist, handelt es sich nicht um

einen homogenen Zyklus von Geschichten, sondern um eine
Zusammenstellung von Texten, die verschiedensten Kulturen
entstammen und von denen einige sehr alt sind. Das alte Persien ist eines der Länder, das Geschichten zu dieser Sammlung
beigetragen hat; als Herkunftsländer anderer Texte lassen sich
Indien, Griechenland, Ägypten, Arabien, das antike Mesopotamien und die Türkei ermitteln.

In Quellen aus dem 10. Jahrhundert n. Chr., in denen die Sammlung erwähnt wird, wird auch auf ein persisches Buch mit dem
Titel *Hazar afsaneh* (›Das Buch der eintausend Erzählungen‹) ver-
wiesen, worin die Geschichte eines Königs, seines Wesirs und der
Töchter dieses Wesirs, Schahrazad und Dinazad, erzählt wird, Personen, die auch in der Rahmenerzählung zu *Tausendundeine Nacht*
begegnen. Hier aber wird die Handlung vor allem von zwei Brü-
dern getragen, den sassanidischen Königen Schahzaman und
Schahrijar, von denen der eine über Samarkand regiert, der andere
über Indien und China. Beide stellen fest, daß ihre Gattinnen
ihnen untreu gewesen sind, und lassen alle Frauen und auch die
Sklaven, die an ihren Liebesaffären beteiligt gewesen sind, enthaupten. Schahrijar beschließt dann, jede Nacht eine neue junge
Braut zu sich zu holen und sie am Morgen köpfen zu lassen.
Nachdem drei Jahre vergangen sind, vermag aber der Wesir des
Königs keine jungen Mädchen für seinen Herrn mehr ausfindig zu
machen. Darauf überredet ihn seine eigene Tochter Schahrazad,
daß er sie zum König gehen läßt; sie nimmt ihre jüngere Schwester Dinazad mit und sagt ihr, sie solle sie jede Nacht um eine
Geschichte bitten. Sie werde dann diese Geschichten ›tausendundeine Nacht‹ andauern lassen, indem sie jedesmal an einem ent-
scheidenden Punkt aufhören werde zu erzählen und so den König
auf den Fortgang der Geschichte in der folgenden Nacht neugierig
mache.

In der Zeit, da sie mit dem König zusammenlebt, gebiert ihm
Schahrazad drei männliche Nachkommen, und als sie mit ihrem
Geschichtenerzählen schließlich am Ende angekommen ist, stellt
Schahrijar ihr einen Wunsch frei. Sie bittet ihn darum, ihr um
ihrer Kinder willen das Leben zu schenken. Der König erfüllt

ihr diesen Wunsch bereitwillig, und sie leben glücklich und in
Frieden zusammen.

Die Namen Schahrijar (›Herrscher über ein Königreich‹, ›König‹
oder ›Prinz‹), Schahrazad (›von edler Abstammung‹) und Dinazad
(›die Göttin Den verehrend‹) sind iranisch, und der Name von
Schahrijars Bruder Schahzaman ist aus dem persischen *schah* (›König‹) und dem arabischen *zaman* (›Zeit‹) zusammengesetzt. Man
nimmt an, daß die Rahmenerzählung von *Tausendundeine Nacht*
sowohl persischen als auch indischen Ursprungs ist.

Zu den Erzählungen der Sammlung, die wahrscheinlich persischer
Herkunft sind, gehören Liebesgeschichten und Feenerzählungen,
in denen oft Divs und *pari*, aber auch Zaubervögel und weitere
Zaubertiere vorkommen. Andere Geschichten, wie die vom *Elfenbeinpferd*, beginnen zwar mit Schilderungen, die ganz und gar in
der persischen Tradition stehen, sind aber wohl doch indischen Ursprungs. Die Geschichte *Das Elfenbeinpferd*, auch unter dem Titel
Das Zauberpferd bekannt, handelt von einem ungewöhnlichen
Pferd, das dem König von Persien zum Geschenk gemacht wird.

> Es war in alten Zeiten, im Land der Perser, ein mächtiger König
> von großer Würde, der drei Töchter hatte, anzuschauen wie
> leuchtende Vollmonde und blühende Gärten; und er hatte einen
> männlichen Nachkommen, der war wie der Mond. Er beging
> jährlich zwei Feste, das des Neujahrstages und das der Tagund-
> nachtgleiche im Herbst, und es war seine Gewohnheit, bei die-
> sen Gelegenheiten seine Paläste zu öffnen und Geschenke zu
> überreichen [...]; die Einwohner seines Reiches pflegten an die-
> sen Tagen ebenfalls sich zu ihm zu begeben, ihm Geschenke und
> Diener darzubringen [...].

Der junge Thronfolger setzt sich auf das Elfenbeinpferd, das seinem Vater geschenkt worden ist, um dessen Zauberkraft zu erpro-
ben, und fliegt mit ihm in den Himmel. Er wird in ein anderes
Land (den Jemen) getragen, verliebt sich dort in eine Prinzessin,
kehrt nach vielen Abenteuern an den Hof seines Vaters zurück und
heiratet seine Geliebte.

Die Geschichte von Hassan von El-Basra

Diese Geschichte handelt von einem reichen Kaufmann aus der Stadt Basra, der zwei Söhne hat. Nach seinem Tod teilen die Söhne sein Geld und Gut unter sich auf. Der eine eröffnet einen Laden, in dem er Kupfergeräte verkauft, und der andere wird Goldschmied.

> Nun geschah es, daß eines Tages, als der Goldschmied gerade in seinem Laden saß, ein Perser unter den anderen Leuten über die Straße des Marktes ging, bis er zu dem Laden des jungen Goldschmieds gelangte [...]. Und der Name des Goldschmieds war Hassan.

Der Perser bemerkt, daß Hassan in ein geheimnisvoll aussehendes altes Buch schaut. Er erzählt dem jungen Mann, daß er allein die Kunst kenne, wie man sich unvorstellbaren Reichtum verschaffen könne; er sei bereit, Hassan in dieser Kunst zu unterrichten, da er selbst keinen Sohn habe. »Morgen werde ich zu dir kommen, und für dich werde ich aus Kupfer lauteres Gold machen in deiner Gegenwart.«
Als Hassan nach Hause geht und seiner Mutter von dem Besucher erzählt, warnt sie ihn, er dürfe dem Perser nicht trauen, aber der Sohn hört nicht auf sie. Am nächsten Tag verwandelt der Perser durch Zauberkraft einen Klumpen gewöhnlichen Kupfers in einen von reinem Gold, den Hassan auf dem Markt für fünfzehntausend Silberstücke verkauft. Tags darauf überredet er den Perser, ihn nach Hause zu begleiten und ihm die Kunst der Alchimie beizubringen. Nachdem einige Experimente erfolgreich verlaufen sind, sagt der Perser, sein Wunsch sei es, daß Hassan seine Tochter zur Frau nehme, und überreicht ihm etwas, das wie eine Süßigkeit aussieht. Als Hassan davon kostet, sinkt er in Ohnmacht. Frohlockend packt der Perser den Bewußtlosen und alle Schätze der Familie in zwei Truhen und holt einen Lastträger herbei. Er läßt alles auf ein Schiff laden, mit dem er davonsegelt.
Der Perser ist kein anderer als Bahram, der Magier, ein zoroastrischer Priester, der einmal im Jahr einen Muslim abschlachtet. An

Bord des Schiffes holt er Hassan aus der Truhe, er »goß etwas Essig in seine Nüstern und blies ein Pulver in seine Nase«. Der überlistete Goldschmied kommt wieder zur Besinnung, begreift, was mit ihm geschehen ist, und erinnert sich an die Warnung seiner Mutter. Der Magier versucht, Hassan zum Zoroastrismus zu bekehren, aber der fromme Muslim widersteht ihm, obwohl er geschlagen wird und große Leiden über sich ergehen lassen muß. Als die See plötzlich aufgewühlt wird und ein Sturm losheult, weiß die Mannschaft, daß dies das Werk Gottes ist: der Magier hört auf, Hassan zu foltern, und der Sturm legt sich unverzüglich wieder. Der Perser bedauert, was er Hassan zugefügt hat, und »schwor dem Feuer und dem Licht«, daß er ihn nie wieder foltern werde. Die beiden versöhnen sich und reisen für weitere drei Monate zusammen in Richtung der »Berge der Wolken, wo sich das Elixier findet, mit dem wir Alchimie ausüben«. An Land gegangen, besteigen sie Kamele und reiten zum Gipfel eines hohen Berges, wo man dem Magier zufolge ein besonderes Kraut finden kann, das für die Alchimie notwendig ist. Dort oben spielt er Hassan erneut übel mit: er läßt ihn allein auf dem Gipfel zurück. Hassan stürzt sich von der anderen Seite des Berges ins Meer – in der Hoffnung, daß Gott entweder seinen Leiden ein Ende setzen oder ihn retten werde. Durch göttliches Eingreifen wird er von den Wogen an die Küste getragen, und von dort aus erblickt er einen Palast, von dem ihm der Magier erzählt hat, es sei der Wohnort von Dämonen und bösen Wesen. Hassan glaubt diesen Worten nicht, und tatsächlich, als er den Palast betritt, trifft er zwei schöne junge Frauen an, die Schach spielen. Sie hören sich seine Geschichte über den bösen Magier, den Zauberer, an und freuen sich, daß er selbst am Leben ist.

Die beiden Prinzessinnen und ihre fünf Schwestern sind von ihrem Vater, einem König, in diesen einsam gelegenen Palast gebracht worden. Hassan bleibt ein Jahr lang bei ihnen, dann erblickt er eines Tages, während er gerade fischt, den Magier, der über das Meer mit einem neuen Opfer herbeieilt. Es gelingt ihm und den Prinzessinnen, den Unhold zu töten und seinen Gefangenen zu befreien.

Nach einiger Zeit kommt der König, um seine Töchter zu einem Hochzeitsfest zu holen, das sie zwei Monate lang von dem Palast fernhalten wird. Sie sagen Hassan, der sich vor dem König verborgen hat, er solle während ihrer Abwesenheit im Palast bleiben. Sie vertrauen ihm auch den Schlüssel zu einem abgesperrten Raum an, warnen ihn aber, daß er die Tür niemals aufschließen dürfe. Langeweile und Neugier gewinnen jedoch die Oberhand, und eines Tages öffnet er die Tür. Nachdem er einige Stufen emporgestiegen ist, die auf ein Dach führen, erblickt er einen Teich und einen Garten voll wundersamer Vögel und anderer merkwürdiger Geschöpfe. Er sieht auch eine Gruppe von feenartigen schönen Mädchen, die in dem Teich baden, und als er sie beobachtet, wird er von Entzücken überwältigt und verliert die Besinnung.

Als die Schwestern zurückgekehrt sind, entdeckt eine von ihnen Hassan, verborgen in seinem Gemach; er ist ganz bestürzt und bekümmert weil er sich unsterblich in eine der bezaubernden Badenden verliebt hat. Er erfährt, daß seine Angebetete die Tochter eines mächtigen Königs ist und daß sie einmal im Monat, bei Neumond, zu dem Teich kommt. Hassan wartet die nächste Neumondnacht ab, begibt sich zu dem Teich und sieht die Prinzessin, in ein Vogelkostüm gehüllt, zusammen mit ihren Schwestern eintreffen. Als sie nach dem Bad das Wasser verlassen will, kann sie ihr Kostüm nirgends finden: Hassan hat es versteckt, und ihre weinenden Schwestern müssen die Prinzessin allein an dem Ort zurücklassen. Hassan bringt sie dann mit Gewalt in sein Gemach und schließt sie ein; nach einiger Zeit erklärt sie sich bereit, ihn zu heiraten.

Eines Nachts hat Hassan einen Traum, in dem er seine weinende Mutter erblickt. Er beschließt darauf, zusammen mit seiner Frau zu ihr zurückzukehren. Den sieben Prinzessinnen verspricht er, daß er sie regelmäßig besuchen werde. Nach langer Fahrt erreicht Hassan mit seiner Gemahlin wieder die Heimat. Seine Mutter, die schon jede Hoffnung aufgegeben hat, ihren Sohn jemals wiederzusehen, ist außer sich vor Freude und heißt seine neue Gemahlin und die beiden kleinen Kinder des Paares willkommen. Hassan zieht nach Bagdad und läßt sich dort mit seiner Familie nieder.

Als die Zeit gekommen ist, den sieben Prinzessinnen einen Besuch abzustatten, vertraut er seine Frau und seine Kinder der Obhut seiner Mutter an; sie dürfe aber seiner Frau unter keinen Umständen gestatten, das Haus zu verlassen, und auch nicht, das Vogelkostüm zu sehen, das er in einer Truhe versteckt hat. Hassans Frau hört jedoch dieses Gespräch mit an, und nachdem ihr Gatte Abschied genommen hat, fleht sie die Schwiegermutter um Erlaubnis an, die Bäder aufsuchen zu dürfen; die alte Frau gestattet es ihr schließlich. Als sie ihr Bad nimmt, wird die Schöne von einer Sklavin, die einer der Frauen des Kalifen gehört, beobachtet. Diese eilt zu ihrer Herrin, um ihr von der feengleichen Schönheit von Hassans Frau zu berichten. Wenn der Kalif sie zu Gesicht bekäme, warnt die Sklavin, würde er das Verlangen, sie zu besitzen, nicht unterdrücken können. Von einem Diener läßt man Hassans Frau und seine Mutter in den Palast holen. Die junge Frau erzählt der Gemahlin des Kalifen von ihrem außergewöhnlichen Federkleid und daß man es vor ihr verborgen halte. Hassans Mutter streitet dies zunächst ab, sieht sich aber dann gezwungen, das Kleid auszuhändigen. Hassans Frau legt das Kleid um sich und die beiden Kinder und schließt es. Sogleich verwandelt sie sich in einen Vogel und fliegt in die Lüfte. Die alte Mutter weint und schreit vor Verzweiflung und fragt, was sie ihrem Sohn sagen solle. Die junge Frau ruft aus den Lüften herab, wenn er sie wirklich wiederhaben wolle, müsse er ihr zu den Inseln von Wak-Wak folgen. Dann verschwindet sie in der Ferne.

Als Hassan nach Hause zurückkehrt und feststellt, daß seine Frau und seine Kinder nicht mehr da sind, bricht ihm das Herz; dann aber entschließt er sich, aufs neue den Palast der sieben Schwestern aufzusuchen und sie um Beistand zu bitten. Sie sagen, daß ihr Onkel ihm als einziger helfen könne. Durch die Zauberkraft dieses Mannes und die Unterstützung übernatürlicher Wesen gelangt Hassan schließlich auf die Inseln von Wak-Wak. Dort begegnet er einer alten Frau, die Mitleid mit ihm verspürt, nachdem sie seine Geschichte gehört hat, und ihn zu der Königin einer der Inseln führt. Hassan ist überrascht, wie sehr die Königin seiner entflohenen Frau ähnelt: und es ist in der Tat ihre Schwester. Erzürnt dar-

über, daß die Schwester es gewagt hat, Hassan zu heiraten, ohne
zuvor ihren Vater um Erlaubnis zu fragen, hat die Königin be-
schlossen, sie und ihre Kinder mit dem Tod zu bestrafen. Aber es
kommt nicht dazu. Mit Hilfe des Allmächtigen und verschiedener
übernatürlicher Kräfte gelingt es Hassan, mit seiner Gemahlin (die
überglücklich ist, ihn wiederzusehen), den Kindern und der mit-
fühlenden alten Frau zu entkommen. Sie kehren zum Palast der
sieben Schwestern zurück und ziehen von dort aus nach Bagdad,
wo sie mit Hassans Mutter wiedervereint werden.

Die Passionsspiele

Die Passionsspiele handeln vom Märtyrertum heiliger Personen.
Die bekannteste alte Sage über den Märtyrertod eines iranischen
Prinzen ist die von Siavosch, dem Sohn des Kai Kavus, der auf
brutale Weise von Afrasiab, dem König von Turan, ermordet
wird – wie Firdausi es im *Schahnameh* ausführlich darstellt. Sein
Tod wird als besonders tragisch angesehen, weil Siavosch sich am
Hof Afrasiabs niedergelassen hatte, um der Eifersucht seiner Stief-
mutter und dem Argwohn seines Vaters zu entgehen, und weil
seine Frau Farangis zum Zeitpunkt seines Todes im fünften Monat
schwanger war (mit Kai Chosrau, dem zukünftigen König des
Iran). Siavosch sieht sein Ende in einem Traum voraus und erzählt
Farangis, daß man ihn enthaupten werde. Für ihn werde es keinen
Sarg, kein Grab und kein Leichentuch geben, und niemand werde
da sein, ihn zu betrauern.

Als er vom Tod Siavoschs erfährt, bricht sein Vater, der König des
Iran, in Tränen aus und zerreißt seine Kleider; Helden wie Tus,
Gudars, Giv, Gurgin legen schwarze Gewänder an. Rostam wird
ohnmächtig vor Kummer und klagt eine Woche lang. Er schwört,
den Ermordeten zu rächen, indem er Afrasiab vernichten und
ganz Turan in ein Meer von Blut verwandeln werde.

Die ›Klage um Siavosch‹ (*sug-i Siavosch*), wie sie Firdausi schildert,
ist also die Klage des ganzen persischen Volkes um seinen geliebten jungen Prinzen, der einer Verschwörung zum Opfer gefal-

Illustration aus einer gekürzten Prosafassung des Schahnameh aus Kaschmir (18. Jh.). Dargestellt ist die Ermordung von Siavosch. Dem Helden wird der Kopf abgeschnitten; später keimt ein Baum aus dem vergossenen Blut auf

len ist. Sein Tod wird in eine ergreifende Geschichte umgesetzt, die innerhalb des *Schahnameh* eine herausragende Stellung einnimmt.

Der Mythos von Siavosch ist altiranischen Ursprungs, und der Name kommt – als Sijavarschan – häufig im *Avesta* vor. Die rituelle ›Klage um Siavosch‹ war im 10. Jahrhundert n. Chr. bereits ein wohlbekannter Brauch in Zentralasien, der auch in einem Lied besungen wird. Es heißt, daß die Einwohner von Sogdien Siavosch einmal im Jahr betrauerten, indem sie sich ins Gesicht schlugen und den Toten Speise und Trank darbrachten.

Daß diese Tradition, die zeremonielle Klage um einen ermordeten Märtyrer, auch in islamischer Zeit fortgesetzt wurde, geht vor allem aus den Passionsspielen der schiitischen Muslime hervor. Die Ermordung und der Märtyrertod von Imam Husayn, dem Enkel des Propheten Mohammed, und seiner Familie, werden im Monat Muharram, dem ersten Monat nach dem Mondkalender, betrauert. Den Spielen liegen historische Ereignisse zugrunde: die Tragödie nimmt ihren Anfang mit dem Tod des Propheten Mohammed im Jahr 632 und der anschließenden Spaltung der muslimischen Glaubensgemeinschaft in zwei Fraktionen, in die der Sunniten, die seinen Nachfolger durch eine Wahl bestimmen wollten, und die der Schiiten, die sich für eine Erbfolge einsetzten. Ali, der Schwiegersohn des Propheten und der vierte Kalif nach ihm, wurde von den Schiiten als sein rechtmäßiger Erbe angesehen. Nachdem sowohl er als auch sein Sohn Imam Hassan umgebracht worden waren, wurde der sunnitische Gouverneur Jezid neuer Kalif und verlegte die Hauptstadt nach Damaskus. Husayn, der jüngere Sohn Alis, der in den Augen der Schiiten nun der legitime Nachfolger war, wurde von den Einwohnern Kufas dazu ermutigt, sich gegen den Kalifen zu erheben und für die Herrschaftsansprüche des Hauses Ali zu kämpfen. Auf ihrem Weg nach Kufa trafen Husayn und seine Gefolgsleute in der Wüste von Kerbela im Südwesten von Bagdad auf Jezid und sein großes Heer. Husayn, seine Familienmitglieder und seine Anhänger überlebten zehn Tage lang ohne Wasser in der Wüste, wurden dann aber von Jezid und seinen Soldaten auf brutale Weise umgebracht. Ihr Leidensweg begann am ersten Tag des Muharram, und das blutige Gemetzel fand am zehnten Tag des Monats, am Ashura, statt.

Trauerprozessionen gab es bereits im 10. Jahrhundert n. Chr., sie waren vor allem in Bagdad üblich. Als im 16. Jahrhundert die Safaviden zu den Herrschern des Iran aufstiegen und der schiiti-

Illustration aus einer gekürzten Prosafassung des Schahnamch *aus Kaschmir (18. Jh.): Der junge Prinz Kai Chosrau und seine Mutter Farangis (die als Mann verkleidet, aber bartlos ist) folgen Giv über den Fluß Dschayhun (Oxus, Amu Darja), um von Turan in den Iran zu gelangen*

sche Glaube zur Staatsreligion erklärt wurde, fanden die Passionsspiele, die *ta'zijeh*, offiziell Aufnahme in die Muharram-Zeremonien. Diese Tradition erreichte ihren Höhepunkt gegen Ende des 19. und Anfang des 20. Jahrhunderts, wird aber auch heute noch gepflegt.

Berufsmäßige Schauspieler – ausschließlich Männer – führten diese Spiele das ganze Jahr hindurch auf, vor allem aber im Monat Muharram, und zwar entweder in einer Moschee, auf dem *bazar* (einem überdachten Markt) oder in einem eigens dafür bestimmten Gebäude, dem *takijeh*. Das berühmteste dieser Gebäude, das *Takijeh Daulat*, 1869 unter dem Patronat des Kadscharen-Königs Nasiruddin in Teheran errichtet, war nach dem Vorbild der Londoner Royal Albert Hall entworfen. Mehrere tausend Zuschauer pflegten sich dort zu versammeln und die Passionsspiele, die von Imam Husayn und seiner Familie handeln, mit erregter Anteilnahme zu verfolgen. Oft gab man zudem Stücke, die das Leben und die Taten anderer schiitischer Märtyrer zum Inhalt hatten. Auch in diesem Fall wurde also eine uralte Tradition fortgesetzt: das *sug-i Sijavusch*, die rituelle Trauer um Siavosch, wurde durch Zeremonien abgelöst, mit denen man des Todes Imam Husayns und anderer schiitischer Märtyrer gedachte.

Der bedeutende Iranist Edward Browne nannte die Passionsspiele »herzbewegend«. Er zitiert aus dem *ta'zijeh* von Bibi Scharbanu, der legendären Tochter des letzten sassanidischen Königs, Jazdigird III. (633–651), die den später eines Märtyrertodes gestorbenen Imam Husayn geheiratet hatte. Aufgrund ihrer mythischen iranischen Vorfahren erfreut Bibi Scharbanu sich bei den Persern besonderer Popularität:

> Stammend aus dem Geschlecht Jazdigirds des Königs,
> Führe ich meinen Ursprung auf Nuschirvan zurück.
> Zu jener Zeit brachte das mir geneigte Glück nichts als
> Freude,
> In der stolzen Stadt Ray war mein Haus und Heim.
> Dort, in meines Vaters Palast, kam in einer Nacht
> Im Schlaf zu mir Fatima, ›die Strahlende‹.
> »O Scharbanu«, so rief die Gestalt,
> »Ich gebe dich dem Husayn zur Braut!«
> Sagte ich: »Schau, Mada'in ist meine Heimat,
> Wie sollte ich ins ferne Medina schweifen?
> Unmöglich!« Aber Fatima rief: »Nein,

Husayn wird hierher kommen, gerüstet wie ein Krieger,
Und dich dorthin bringen als Gefangene,
Von hier, von Mada'in, ins ferne Medina,
Wo, ehelich verbunden mit Husayn, meinem Schützling,
Du Kinder ihm gebären wirst, die meine Freude sind.
Denn neun Imams wirst du das Leben schenken,
Männer, derengleichen man noch nicht gesehen hat
                            auf Erden!«

Schlußbemerkung

Die persischen Mythen und Legenden zeugen davon, daß eine uralte Tradition sowohl in der Kultur als auch in der Sprache von Menschen weiterlebt, die ein geographisches Gebiet besiedeln, das wesentlich größer ist als der moderne Staat Iran. Weder nomadische Wanderbewegungen noch der Einfall fremder Völker oder interne politische Veränderungen und Umwälzungen haben die alten Sagen zerstören können; sie haben Jahrtausende überdauert, und durch sie sind nicht nur die Traditionen und gesellschaftlichen Anschauungen der Vergangenheit lebendig geblieben, sie haben auch dazu beigetragen, daß die persische Literatur und Sprache erhalten blieb und sich weiterentwickelte.

Die persischen Mythen wurden ursprünglich mündlich weitergegeben; erst in späterer Zeit, vor allem unter den Parthern und Sassaniden, sind viele der Geschichten aufgeschrieben worden. Diese Erzählungen, von denen einige heidnischen, andere zoroastrischen Ursprungs sind, haben die Eroberung des Landes durch die Araber im 7. Jahrhundert und die Einführung der neuen islamischen Religion überlebt. Die Werke großer Dichter wie Dakiki und Firdausi ermöglichten es den Menschen, diese Geschichten in ihrer eigenen Sprache zu lesen oder zu hören – und nicht nur in arabischer Übersetzung. Es gibt eine Fülle von solchen *nameh*, Büchern, aber Firdausis *Schahnameh* nimmt wegen der Schönheit und Reinheit seiner Sprache innerhalb der persischen Literatur eine Sonderstellung ein. Die Helden des *Schahnameh*, Rostam, Sohrab und Isfandiar, sind Teil des Lebens eines jeden Iraners, und bis

heute ist es Brauch, die Geschichten ihrer Taten zu lesen und zu erzählen.

Schahnameh chani, ›das *Buch der Könige* vortragen‹, ist eine eigene
Kunst, die von berufsmäßigen Geschichtenerzählern, *nakkal,* in
Städten und Dörfern ausgeübt wird. Der *nakkal* rezitiert tragische
und heroische Geschichten und gibt eine Art von Ein-Mann-Vor-
führung. Rostam, der Held aller Helden, erfreut sich besonderer
Beliebtheit, und seine Abenteuer und Kämpfe werden für begei-
sterte Zuschauer jeder Altersgruppe nachgestellt. Mit expressiven
Gesten und einer Mischung aus Rezitation und Gesang versetzt
der *nakkal* seine Zuhörer an einen königlichen Hof oder auf ein
Schlachtfeld, seine Grimassen und Gebärden bringen sie zum La-
chen, seine bewegenden Schilderungen brutaler Morde lassen sie
in Tränen ausbrechen. Die Aufführungen werden oft an entschei-

*›Kaffeehaus-Gemälde‹, auf dem Rostam dargestellt ist, der seinen sterbenden Sohn
Sohrab in den Armen hält. Durch den zerrissenen Ärmel von Sohrabs Waffenrock
ist das Amulett zu sehen, das einst Rostam gehörte. Im Hintergrund stehen sich die
iranischen und turanischen Armeen gegenüber; in ähnlicher Weise haben sich die Pferde
der beiden Helden einander zugewandt. Neben Rachsch liegt die stierköpfige Keule
seines Herrn. Dieses große Ölgemälde entstand um die Mitte unseres Jahrhunderts*

denden Punkten abgebrochen und am nächsten Tag fortgesetzt, so
daß sich der Vortrag einer Geschichte über mehrere Tage er-
streckt.

Persische Mythen haben nicht nur in der persischen Literatur eine
bedeutende Rolle gespielt, sondern mythologische Szenen von
Helden und ihren Widersachern sind auch Thema der darstellenden Kunst. Spätestens seit dem 14. Jahrhundert gibt es mit Illu-
strationen versehene Handschriften des *Schahnameh*. Der schlangenschultrige Sahhak, Faridun mit seiner Stierhaupt-Keule, der
unbezwingbare Isfandiar, der löwenhafte Rostam, der Schutzvogel Simurgh und die Divs sind Gestalten, die in der persischen
Malerei immer wieder begegnen. Die Rostam-Sage lieferte belieb-
te Motive für die Verzierung von Kacheln. Gegen Ende des 19.
und Anfang des 20. Jahrhunderts griffen auch Volksmaler für ihre
sogenannten ›Kaffeehaus-Gemälde‹ gerne auf Szenen aus dem
Schahnameh zurück.

Auf sehr verschiedene Art und Weise wird also deutlich, daß die
alten persischen Mythen bis heute die Glaubensansichten, die ge-
sellschaftliche Einstellung und auch den Geschmack der Iraner
entscheidend prägen.

Literaturhinweise

Allgemeines zur Geschichte und Religion des Iran

Boyce, M.: A History of Zoroastrianism. 3 Bde. Leiden/Köln 1975, 1982.

Curtis, J.: Ancient Persia. London 1989.

Encyclopedia Iranica. Hrsg. von E. Yarshater. New York 1985 ff.

Frye, R. N.: History of Ancient Iran. München 1984.

Herrmann, G.: The Iranian Revival. Oxford 1977.

Yarshater, E.: Iranian Historical Tradition. In: Cambridge History of Iran. Bd. 3,1. Cambridge 1983. S. 343 ff.

Texte

Darmesteter, J.: The Zend-Avesta. 3 Bde. Delhi 1974, 1975.

Kraus, F. (Hrsg.): So spricht Zarathustra. München 1955.

West, E. W.: The Pahlavi Texts. Delhi 1970.

Wolff, F.: Awesta, die heiligen Bücher der Parsen. Straßburg 1910. Reprograph. Nachdr. Heidelberg 1960.

The Shahnama of Firdausi. Übers. von A. George und E. Warner. 10 Bde. London 1902–25. [Versübersetzung.]

The Epic of the Kings. Übers. von R. Levy. London/Boston 1977. [Prosaübersetzung.]

The Tragedy of Sohrab and Rostam. Übers. von J. F. Clinton. Seattle/London 1987. [Prosaübersetzung.]

Das Buch der Könige. Dt. von U. von Witzleben. Köln 1960. [Auf älteren Übertragungen basierende Prosaübersetzung.]

Zur persischen Literatur

Boyce, M.: The Parthian gosan and Iranian minstrel tradition. In: Journal of the Royal Asiatic Society. Jg. 1957. S. 10 ff.

Browne, E. G.: A Literary History of Persia. London 1909.

Chelkowski, Peter J. (Hrsg.): Ta'ziyeh: Ritual and Drama in Iran. New York 1979.

Gerhardt, M.: The Art of Story Telling. Leiden 1963.

Shahbazi, A. Shapur: Firdowsi: A Critical Bibliography. Costa Mesa (Cal.) 1991.

Die Abbildungen – einschließlich der Umschlagabbildung (Illustration aus einer Handschrift des *Schahnameh* aus dem 15. Jahrhundert: Isfandijar tötet den feuerspeienden Drachen) – sind sämtlich der englischen Originalausgabe entnommen, in der sich auch die entsprechenden Nachweise finden.

Register